Lewis Mumford:
Die Stadt
Geschichte und Ausblick

Band 2
Abbildungen und Anhang

Deutscher
Taschenbuch
Verlag

dtv

Aus dem Amerikanischen von Helmut Lindemann
Titel der Originalausgabe: THE CITY IN HISTORY

1. Auflage Juli 1979
2. Auflage November 1980: 9. bis 13. Tausend
Deutscher Taschenbuch Verlag GmbH & Co. KG, München

Umschlaggestaltung: Celestino Piatti
Gesamtherstellung: C.H. Beck'sche Buchdruckerei, Nördlingen
Printed in Germany · ISBN 3-423-04326-1

Inhalt

Verzeichnis der Abbildungen

1 ZEREMONIEN UND DENKMÄLER

Das feierliche Begräbnis der Toten in Gräbern, die als Kennzeichen einen Steinhaufen, einen Baum oder einen Felsblock erhielten, begründete vielleicht den ersten ständigen Versammlungsort der Lebenden: das Heim der Ahnengeister, das Heiligtum eines Gottes, der Embryo einer Stadt. Wie das Grab ist auch die Höhle ein Mutterschoß, in den der primitive Mensch zurückkehrt, um Sicherheit und Heimeligkeit zu finden. Hier (oben) in den Höhlen von Lascaux wurden vielleicht magische Riten vollzogen und von den Künstlern der Aurignac-Kultur Gemälde entworfen, Prototypen späterer monumentaler Kunst, deren großartig stilisierende Darstellung hier und in Altamira einen Kontrast bildet zu der rauhen Wandfläche und den primitiven Geräten und Werkzeugen. Der symbolische Charakter der frühen zeremoniellen Berghöhlen blieb in den großen ägyptischen Denkmälern erhalten, sogar der niedrige, gewundene Eingang ins Innere. Der Berg, der sich aus den Fluten erhob, war für die Ägypter ein Ausdruck göttlicher Schöpferkraft und zugleich Sinnbild des Ewigen: eine heilige Form, die in eine von Menschen geschaffene Form übertragen wurde, um von der Macht des Pharaos Zeugnis abzulegen. Pyramide, Zikkurat, Turm, Kuppel, Kirchturm – alle hatten religiöse Bedeutung und bildeten während des größten Teils der Geschichte das heilige Herzstück der Stadt. Grab, Altar und Feststätte waren Vorläufer von Markt, Werkstätte und Festung. Ihr Zweck, Sinn und Wert des Lebens zu fördern, sicherte kollektive Teilnahme, williges Opfer und fromme Dauer.

Oben: Eingang zu den Höhlen von Lascaux.
Unten: Pyramide und Sphinx zu Gisa, deren Größe und technische Vollkommenheit die allgemeine Steigerung der Macht im ersten Stadium der städtischen Implosion spiegeln. Foto G. E. Kidder Smith.

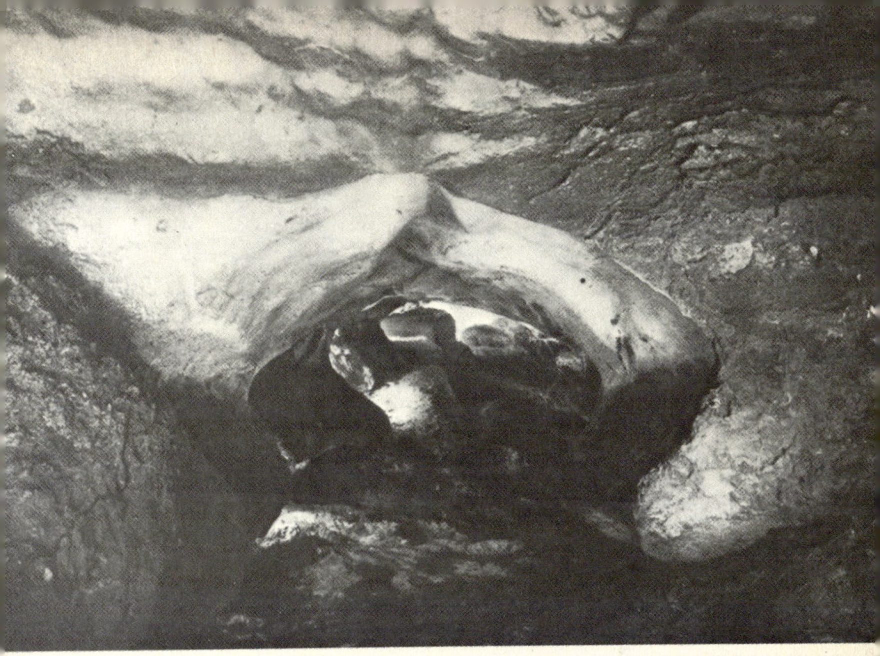

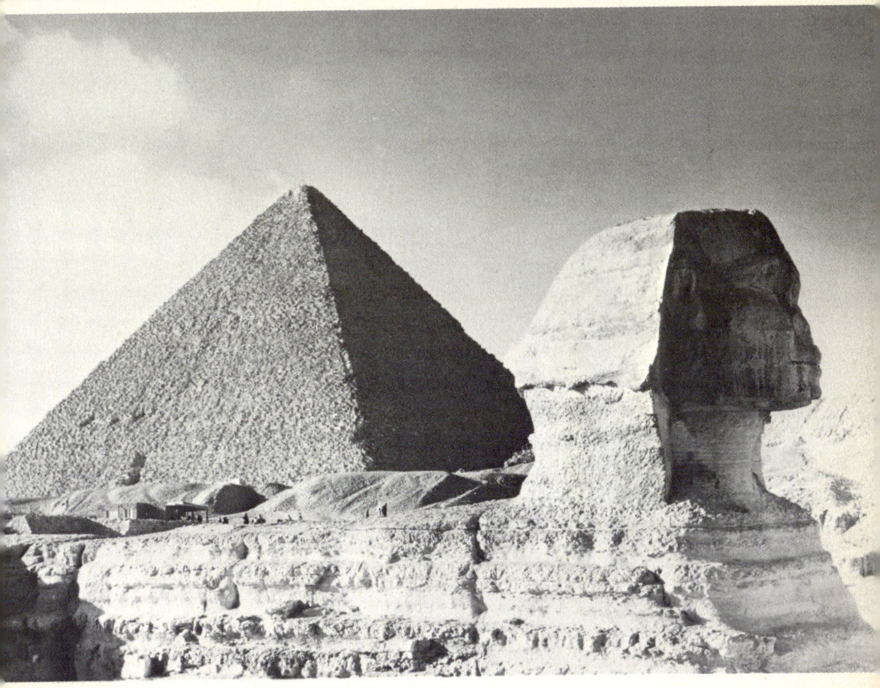

2 STÄDTISCHE KEIMZELLEN

Die frühesten als Städte erkennbaren Ruinen zeigen gewöhnlich nur die anfänglich beherrschenden Teile: Tempel und Palast, manchmal auch das Kornhaus innerhalb der ummauerten Zitadelle oder des heiligen Bezirks. Das war der aktive Kern der städtischen Implosion. Die einzigen vollständigen Städte aus dauerhaftem Material sind die »Totenstädte«, beispielsweise Saqqarah, das um die Stufen des Pyramidengrabs von Zoser etwa 2700–2650 v. Chr. gebaut wurde. Da die Ägypter sich bemühten, in ihren Gräbern alle notwendigen Dinge des täglichen Lebens en miniature nachzubilden, besteht nach Ansicht vieler Ägyptologen Grund zu der Vermutung, daß diese Totenstadt ebenso getreulich Plan und Gebäude ihres weltlichen Gegenstücks wiedergibt. Dafür spricht weiter die Abbildung des Königspalastes, der wahrscheinlich zusammen mit einem heiligen Tempel, Regierungsgebäuden, Kapellen der Nationalgottheiten und einem Lagerhaus aus weniger haltbaren luftgetrockneten Ziegeln errichtet worden war. In pharaonischer Zeit bestimmte die rechtwinklige Planung gleichermaßen den ummauerten heiligen Bezirk, das Arbeiterdorf und das Wohnviertel der Priester. Die gleiche Ordnung mit den gleichen Institutionen als Kern finden wir zusammen mit dem Pyramidentempel auch in der Neuen Welt, beispielsweise in Chichen Itza. In dem religiösen Zentrum von Xochicalco (9. bis 10. Jahrhundert) finden wir die klassischen Bestandteile der geschichtlichen Stadt. Ein gleichfalls befestigter heiliger Bezirk auf einem steilen Hügel ist mit dem religiösen Kern durch einen gepflasterten, von Mauern eingefaßten Weg verbunden. Er war wahrscheinlich von einer Reihe von Dörfern und Herrensitzen umgeben, die hier wie in Ägypten keine Spuren hinterlassen haben. Die politischen, wissenschaftlichen und religiösen Komponenten der Stadt, ihr zivilisatorisches Vermächtnis, wurden von diesem kulturellen Kern ausgestrahlt. Diese Grundzüge fanden sich mit geringen Abwandlungen überall und zu allen Zeiten. Dauerhaftigkeit, Kontinuität und Hortung finden hier architektonischen Ausdruck.

Oben: Pyramide des Königs Neterkhet-Zoser, etwa 2700 v. Chr. Aus: Jean Philippe Laver, *Fouilles à Saqqarah,* 2. Band.

Unten: Xochicalco in Mexiko. Foto Compania Mexicana Aerofoto, S. A.

3 MONUMENTALE GRÖSSE

Vom vierten Jahrtausend an gingen Verherrlichung der Macht und der Persönlichkeit Hand in Hand und schufen so in der Technik wirkungsvolle Möglichkeiten und in der Kunst einen neuen Maßstab des Ausdrucks. Die Monumentalität entspringt derselben Zusammenfassung gesellschaftlicher, wirtschaftlicher und religiöser Anstrengung, welche die Stadt als Gefäß einer komplexen Zivilisation schuf – im Gegensatz zum heimeligen Marktflecken, ihrem schlichteren Prototyp, der hauptsächlich aus ländlichen Bedürfnissen abgeleitet wurde. Wahrscheinlich waren kosmische Vorstellungen von einer gesteigerten göttlichen Macht die Vorläufer der Institution absoluter Herrschaft; so hatte ein Gott den Titel »Herr über alle vier Windrichtungen«, ehe ihn sich der akkadische König Naram-Sin zulegte. Die Verherrlichung Amenophis' III. im Totentempel zu Luksor – man beachte die menschliche Gestalt in der Mitte – findet in unserer Zeit eine Parallele in den mehr an den Tag gebundenen Plakaten, die das Bildnis eines Hitler oder Stalin aufblähen. Es sind Versuche, göttliche Ausmaße anzudeuten, die ausreichen, um rein menschliche Schwäche, Fehlsamkeit oder Sterblichkeit zu verbergen. (Man kontrastiere diese aufgeblähten Denkmäler und Inschriften mit denen auf griechischen Grabsteinen des 5. Jahrhunderts, die nach dem Maß des Menschen gehauen sind.) Ramses II. machte diese Gestalten unkenntlich und setzte seinen Namen dafür ein, womit er ein Beispiel für das Umschreiben der Geschichte gab, dem die totalitären Herrscher unserer Zeit getreulich folgen.

Standbilder in Luksor. Foto Ewing Galloway, New York.

4 STÄDTE, UM GRÄBER GEBAUT

»Jeder Pharao wählte sich seine Residenz in der Nähe des Ortes, der für sein Grab bestimmt war. Dort ging die Arbeit an Pyramide und Tempel während des größten Teils seines Lebens weiter. In der benachbarten Stadt wirkte die Regierung. Nach seinem Tode aber überließ man den Ort den Priestern und Beamten, die seinen Kultus pflegten und den Leichensitz verwalteten, sofern nicht der neue König die Residenz beizubehalten beschloß, weil die angrenzende Wüste einen geeigneten Ort für sein eigenes Grab bot. Bis in die Mitte des 2. Jahrtausends v. Chr. (als Theben hauptstädtischen Charakter annahm) gab es in Ägypten keine wirklich dauernde Hauptstadt.« Soweit Henri Frankfort. Diese königlichen Grabstädte waren also die früheste Form der ständigen Residenzstadt wie Versailles oder Karlsruhe, doch deshalb gab es in ihrer Nachbarschaft dennoch Werkstätten, Märkte und Gelegenheit für Handel zu Wasser; schon die zahlreiche Priesterschaft garantierte eine große Schar von Verbrauchern, für die Waren und Dienstleistungen rasch zur Hand sein mußten. Religiöse Kultstätten wie Memphis und Abydos und königliche Grabstätten wie das zahlreiche Gräber bergende Theben hatten eine dauerhafte Existenz. Der weltlichere Teil der Stadt zeigte wahrscheinlich eine ähnliche Art von Raumaufteilung, wobei die Bauten jedoch bescheideneren Maßstab aufwiesen. Der weiße Kalksteintempel der Königin Hatschepsut in Theben (1520–1480 v. Chr.), eine Art umgekehrter Akropolis unter den Felsen, wurde gebaut, als Pyramiden längst außer Mode waren. Der königliche Baumeister Senmut gab diesem Tempel in Grundriß und Gestalt eine fast griechische Heiterkeit und Würde. Die Gebäude stehen auf einer Reihe von zurückweichenden Terrassen, die auf dem Bilde nicht sichtbar sind, und bilden offene Vierecke, die eine Abweichung von dem geschlossenen und dicht besetzten Raum orthodoxer Tempel bedeuten – eine frühe Abwandlung, die offenbar keine Nachahmer fand. Man beachte den großen Tempel mit seiner Totenkapelle in Theben, ein religiöser Bezirk, der der Hauptaufgabe des Lebens geweiht war: der Vorbereitung auf den Tod und der Sicherung der Unsterblichkeit durch jeden nur denkbaren Kunstgriff von Mimikry und Magie. Der 30 Meter hohe Obelisk wurde, ebenso wie ein zweiter, in sieben Monaten aus einem Stein gehauen, auf dem Wasserwege befördert und aufgestellt, nachdem das ihn umgebende Gebäude errichtet worden war. Funktionen und Macht der ägyptischen Stadt hatten ihren Schnittpunkt nicht auf dem Marktplatz, sondern bei Grab und Tempel.

Oben: Tempel und Totenkapelle in Karnak.
Unten: Königin Hatschepsuts Tempel in Der-el-Bahri. Foto G. E. Kidder Smith.

5 KÖNIGLICHE ERBAUER UND ZERSTÖRER

Die Narmer-Palette feiert den Erfolg, den die Erste Dynastie bei der Vereinigung der »Beiden Länder«, Unter- und Oberägypten, erzielte. Allerdings hat es Landstädte wahrscheinlich ebenso wie die Einrichtung des Königtums schon vorher gegeben, und zwar vielleicht schon seit Jahrtausenden, falls nicht im Niltal, dann anderswo. Frühere Schnitzereien, die Jägerplakette und der elfenbeinerne Messergriff vom Dschebel el Arak, zeigen Gruppen von Jägern und Kriegern, die, wie Frankfort schreibt, mit einer gemeinsamen Aufgabe beschäftigt sind. Auf der Narmer-Palette ist aber ebenso wie auf dem Skorpionen-Zepter der König an die Stelle der arbeitenden Gruppe getreten. Er allein eröffnet einen Kanal oder erobert eine Stadt. Auf der hier gezeigten Rückseite der Narmer-Palette schwingt der König ein Zepter und bezwingt seinen Gegner; auf der Vorderseite zeugen seine geköpften Opfer, vielleicht die Könige eroberter Gebiete, von seiner Tüchtigkeit. Die winzige rechteckige Figur (unten links) scheint entweder eine Stadt oder eine Zitadelle darzustellen, denn sie gehört derselben Art an wie die Städte auf der (frühdynastischen) Kairo-Palette, die neben einer Kopie der Narmer-Palette im Metropolitan Museum of Art in New York gezeigt wird. Waren die Könige auch nicht die einzigen Erbauer von Städten, so läßt die Rückseite keinen Zweifel daran, daß sie die berufenen Zerstörer von Städten waren. Hier bahnt sich der König in Gestalt eines Stieres einen Eingang in eine ummauerte Stadt. Zwar nennen Ägyptologen solche ummauerten Bauwerke gewöhnlich Forts und schreiben ihnen die Funktionen der speziellen militärischen Bastionen im Mittleren Reich zu, doch besteht guter Grund für die Vermutung, daß es die Städte waren, zumal da sie in ihrer Gestalt der ursprünglich runden Hieroglyphe für Stadt entsprechen. Die runde Einfriedung war möglicherweise eine frühe (mütterliche) jungsteinzeitliche Form, die älter ist als die rechteckigen (männlich gerichteten) Aufteilungen von Äckern. Die Mauer auf der Narmer-Palette ist von demselben Typ, den man dreitausend Jahre später auf dem Gemälde vom Flug des Ikarus in Pompeji findet. Hier haben wir ein klares, wenngleich allzu gedrängtes Zeugnis für den Zusammenhang zwischen Königtum einerseits, Krieg und städtischer Herrschaft andererseits.

Narmer-Palette. *Links:* Rückseite. *Rechts:* Vorderseite. Aus: Henri Frankfort, *Birth of Civilization in the Near East.*

6 DAS TRAUMA DER ZIVILISATION

Mit dem Aufstieg des Königtums wurde die organisierte Gewalttat zur höchsten Kunst der Städte, und zwar um so mehr, als die vielen Enttäuschungen und Sorgen, wie sie sich im Innern eines komplizierten Gemeinwesens ergeben, Anreiz boten zu Angriffen, die sich gegen den »Feind«, also den Außenstehenden richten konnten. Als die Stadt in der mesopotamischen Kunst in Erscheinung tritt, ist sie sowohl als Kulturstadt wie als Polizeistadt bereits fertig ausgebildet und widmet sich weitgehend der Lenkung im Innern und der Herrschaft nach außen. Das hier gezeigte Relief gehört zu einer Reihe ähnlicher assyrischer Denkmäler und zeigt das Nachspiel einer Stadteroberung: den Triumphzug, die Kampfwagen ohne Fahrer, die im Fluß treibenden Leichen. Es ist eine aus einer ganzen Reihe von Platten und Säulen, die den Angriff auf eine Stadt und das Abschlachten der Bevölkerung zeigen. Aufschlußreich ist jedoch der Plan der ummauerten Stadt. Man beachte den schützenden Fluß und Kanal, die verschiedenen Häusertypen, die teils regelmäßige, teils unregelmäßige Anordnung der Gebäude im Innern; ferner die anscheinend wichtigeren einzelstehenden Bauten außerhalb der Mauern, die von Palmen und offenbar von Gärten umgeben sind. Vielleicht ist es wie in Ägypten ein Wohnviertel oder eine Vorstadt der Oberschicht. Das Gebäude auf dem Erdhügel vor der Mauer in der Nähe des Tores hält man für das Lagerhaus oder gar für die Markthalle des Hafens.

Aus: A. H. Layard, *The Monuments of Niniveh.*

7 STADT UND ARBEITSSTÄTTE

Während die Narmer-Palette uns das erste Bild einer Stadt zeigt, bietet uns die beachtenswerte kleine Tafel von Nippur (ca. 1500 v. Chr.) den ersten bisher entdeckten kartographischen Stadtplan. Hier haben wir Nippur mit seinen Kanälen und dem Euphrat selber, mit seinen Mauern und Toren, seinem Tempel (Berghaus) und, am Stadtrand, dem hochragenden Heiligtum – anscheinend alles maßstabgerecht gezeichnet. Die andere Seite städtischer Arbeit, das Wirken von Trupps von Zwangsarbeitern, die Kanäle und Stadtgräben anlegen und die Hügel aufschütten, auf denen Städte und Tempel gebaut wurden, ließen sich durch ägyptische und mesopotamische Denkmäler ausführlich illustrieren. Diese Grundzüge der wichtigsten Bestandteile einer Stadt, wie sie von S. N. Kramer gedeutet werden, lassen einen wesentlichen Faktor unberücksichtigt: die Zitadelle. Vielleicht erklärt sich das daraus, daß Nippur ein besonders heiliges kultisches Zentrum war, oder auch daraus, daß es zerstört wurde. War die Fläche, die Kramer als Zentralpark ansieht, eine Zitadelle gewesen, die dann, da sie als solche nicht benutzt wurde, in eine öffentliche Anlage verwandelt worden war, wie es ähnlich dem römischen Palatin erging? Das Hauptbild, auf dem der König in den Mauern einer eroberten Stadt auf dem Thron sitzt, stammt aus Ninive. Man beachte die Rundmauer und die Bastionen. Das große Gebäude ist vielleicht der Palast, in den die Gefangenen mit gefesselten Armen geführt werden. Noch aufschlußreicher ist das, was ein Arbeiterviertel mit Gerätschaften und verschiedenen Beschäftigungen zu sein scheint. Layard sah diese Werkstätten zwar als Zelte an, doch kann ihre Bauweise auch bedeuten, daß es schilfgedeckte Hütten waren, wie sie der Reisende noch heute in Basra findet. Ob Zelt oder Hütte, Lager oder Stadt, so deutet der Raum, der dem Handwerk auf einem solchen Denkmal eingeräumt wird, darauf hin, wie wichtig dieses für das städtische Wirtschaftsleben war.

Oben links: Plan von Nippur aus der Sammlung Hilprecht der Universität Jena. Erklärung bei S. N. Kramer: *History Begins at Sumer,* Anhang A.
Hauptbild: Sanherib in den Mauern einer eroberten Stadt mit drei Häusern und sechs Hütten oder Zelten. Layard, *The Monuments of Niniveh,* Tafel 77.

8 DER HEILIGE BERG: DELPHI

Delphi war nicht nur der Nabel der griechischen Welt, sondern auch der staatsbürgerliche Kern, dessen Ausstrahlung den Städten Maß und Ordnung gab. Am heiligen Berg Parnass thronend, ist Delphi nicht etwa ein von Menschenhand geschaffenes Abbild en miniature. Der Erdkult der Frühzeit mit seinen Schlangen, berauschenden Dämpfen und orakelnden Priesterinnen ist verschwunden, aber die Erdbeben, die hin und wieder die Tempel zerstört haben, sind immer noch möglich. Diese dunklen Kräfte der Erde und des menschlichen Unterbewußtseins unterstreichen nur noch Heiligkeit und Frieden der Landschaft, wo sich die Olivenhaine von Amphissa gleich einem grünen See bis zum Meer hinunter erstrecken. Die drei Teile des antiken Gemeinwesens stehen auf drei schmalen Bergterrassen. In der Mitte Apollos Tempel und das Theater seines Brudergottes Dionysos: ein heiliger Bezirk, den eine Mauer rechteckig einfaßt. Hoch darüber ist das schmale Stadion in den Berg eingehauen, wo die Pythischen Spiele abgehalten wurden und die Knaben aus dem Dorf noch heute Fußball spielen. Unten dann die Kastalische Quelle im Felsen und der Heilige Weg, der an den kleinen Schatzhäusern vorüber zum Gymnasium führt und in dem kreisrunden Tholos endet. Hier schlug das kulturelle Herz der griechischen Stadt. Delphi hatte nicht die Möglichkeit, eine ständige Bevölkerung zu unterhalten, und blieb daher ein festlicher Versammlungsort, eine Wallfahrtsstätte und ein besonderer Ort, der, wie auch Olympia, niemals eine richtige Stadt wurde.

Oben links: Das Dionysos-Theater und darunter Reste des Apollo-Tempels.
Oben rechts: Der Weg nach unten mit dem Schatzhaus der Athener.
Unten: Der Tholos, der hier weniger der Ruinen als der großartigen Szenerie wegen gezeigt wird, in der Delphi liegt.

9 MACHT UND GESTALT ATHENS

Athen, dessen Akropolis die ganze Ebene beherrscht und dennoch weit genug vom Meer entfernt in Sicherheit liegt, ist der Urtyp der griechischen Stadt. Die Akropolis selber ist eine Felsenfestung, eine wirkliche Zitadelle, aber auch ein Temenos, ein den Göttern heiliger Bezirk mit den alten Grabhöhlen und Totengruben an der Bergflanke und mit vielen Altären und Denkmälern, die jetzt verschwunden sind, deren Vorhandensein aber teilweise die unregelmäßige Stellung der Gebäude erklärt. Die religiösen Prozessionen, die sich auf diese Höhen hinaufschlängelten, hatten das Erlebnis von Himmel und Erde, des fernen Meeres und der nahegelegenen Stadt als Begleiterscheinung ihres stadtbürgerlichen Rituals. Ihre Götter waren vielleicht ebenso launisch und unberechenbar wie die Götter der Mesopotamier, aber sie waren freundlicher; das verrät die entspannte Gelassenheit ihrer Haltung auf den panathenäischen Friesen. Die Schönheit des Parthenons und zumal dieses kostbaren Frieses hat den architektonischen Rang der Akropolis als Ganzes in den Schatten gerückt. Die ästhetische Wirkung der Gebäude oben darauf wird noch verstärkt durch das rauhe Felsenfundament, durch pastellblaues und rostrotes Gestein und durch die steilen Wehrmauern. Das Ganze ist eine Eruption aus tiefsten Tiefen, die schließlich abgekühlt ist und ein paar riesige, vollkommen schöne und bunte Kristalle gebildet hat. Der steile Aufstieg zu den Propyläen unterstreicht noch die Monumentalität der Bauten, indem sie den aufsteigenden Beter auf angemessene Weise zu Nachdenken und Demut anhält. Der menschliche Maßstab aber wurde in Brunnen, Stelen und Grabsteinen bewahrt, deren Bildhauerkunst ebenso elegant und eindrucksvoll ist wie ihre Inschriften.

Oben: Die Akropolis mit den Propyläen (links), dem Parthenon (Mitte) und dem Lykabettos in der Ferne.
Unten: Eingang zu den Propyläen. Foto Ewing Galloway.

10 DER ALTEN ART – NOCH HEUT' BEWAHRT

Zwar ist man nicht überrascht, die steinernen Sitzreihen des Dionysos-Theaters am Südhang der Akropolis (oben links) zu sehen, doch fühlt man sich dem Athen des 5. Jahrhunderts v. Chr. noch näher, wenn man sich über die östliche Brüstung der Akropolis (oben rechts) beugt und darunter ein solches Gewimmel von einstöckigen Häusern entdeckt, wie es dort wohl schon zu Solons oder auch Perikles' Zeiten geherrscht haben mag. Der Blick von der Südostseite (Mitte rechts) offenbart die Akropolis in ihrer Rolle als mächtige Zitadelle und versetzt einen in noch fernere Zeiten zurück als das Choragos-Denkmal, das man, von seinem ursprünglichen Standort auf der Akropolis entfernt, weiter ostwärts unten in einem kleinen Park findet. Der offene Pavillon (Mitte links) mit seinem Garten und nahegelegener Felssteinkirche an der Straße auf den Pnyx erinnert an das 6. Jahrhundert v. Chr.; schlicht und »primitiv«, aber von edlen Proportionen, verrät er eine moderne Geisteshaltung, die tief durchdrungen von der antiken Kultur, aber frei von jeder Versuchung ist, das Unnachahmliche nachzuahmen. Hier mischen sich Sakrales und Weltliches wie einstmals auf der Agora. Die Höhle (unten links) erinnert an einen älteren Prototyp der Kapelle, während der offene Laden (unten rechts) nicht weit von der alten Agora auf der Nordwestseite der Akropolis das moderne Gegenstück der Läden ist, denen man auf griechischen Vasen begegnet, nur daß die modernen Handwerker vielleicht einen Aluminiumtopf herstellen. Solche Augenblicksbilder aus dem heutigen Leben offenbaren die Kontinuität des städtischen Gefäßes besser als die mühsame Rekonstruktion der Stoa des Attalus auf der Agora. Allerdings dient dieses amerikanische Werk vortrefflich als Museum mit einer Fülle von Gegenständen, die uns das tägliche Leben nahebringen – von einer tönernen Würstchenbratpfanne bis zu einem keramischen Kindertöpfchen mit Löchern für die Beinchen und einer attischen Darstellung, auf der eine Mutter dem sitzenden Kind zuredet. Zu Anfang des 19. Jahrhunderts war dieses ganze Gebiet entvölkert, aber die ursprünglichen Funktionen wurden häufig fast an derselben Stelle wiederaufgenommen und gaben damit Athen fast soviel Kontinuität, wie sie Erbil oder Damaskus besitzen.

Mitte links: Die Bauten und die bemerkenswerte Landschaftsgestaltung in dieser Gegend stammen von Demetrios Pikionis. Hier wie auch in einer kleinen Siedlung in Philothei hat er einen neuen Maßstab für schöne Spielplätze geschaffen, denen nur das Wirken von Harry Sims Bent in Honululu zu vergleichen ist.

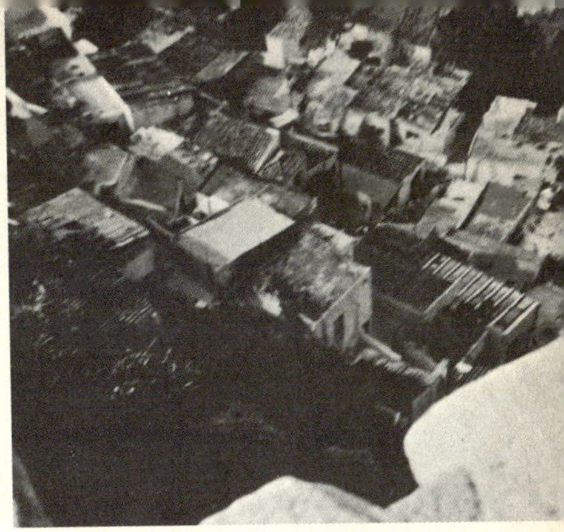

11 ORDNUNG IN MILET

Ausnahmsweise greift man zu einem Modell, um die allzu brüchigen Überreste der griechischen Stadt anschaulich zu machen. Glücklicherweise verliert ein derartiger Plan wenig durch solche Darbietung, wiewohl er durch die Gegenwart menschlicher Gestalten gewönne. Hier haben wir die breite Allee, die von Säulen begrenzten Straßen, die Innenhöfe, die offene Versammlungsstätte und die zugehörigen Gebäude: Tempel (Delphinium) und Gymnasium. Dies ist der lebendige Urtyp des bleichen, wohlgeordneten Griechenland, wie es einstmals die akademische Phantasie geliebt hat. Die öffentlichen Bauten der Stadt galten nicht mehr als selbständige Einheiten, die mit historischen oder sakralen Orten verbunden waren, sondern wurden Bestandteile geschlossener Architekturgruppen und bildeten ästhetisch befriedigende Gesamtheiten, zu denen man auf ebenso regelmäßigen Straßen gelangte. In gewissem Sinne verdrängte der Rahmen das Bild. Solche Ordnung, die offen und fast mit einem Blick zu begreifen war, kam zweifellos den Besuchern und Händlern zu Hilfe, die ja einen nicht geringen Teil der täglichen Bevölkerung einer so geschäftigen Hauptstadt wie Milet bildeten.

Oben: Delphinium und Gymnasium.
Unten: Platz vor dem Bouleuterion (Rathaus). Aus: Roland Martin, *L'Urbanisme dans la Grèce Antique.*

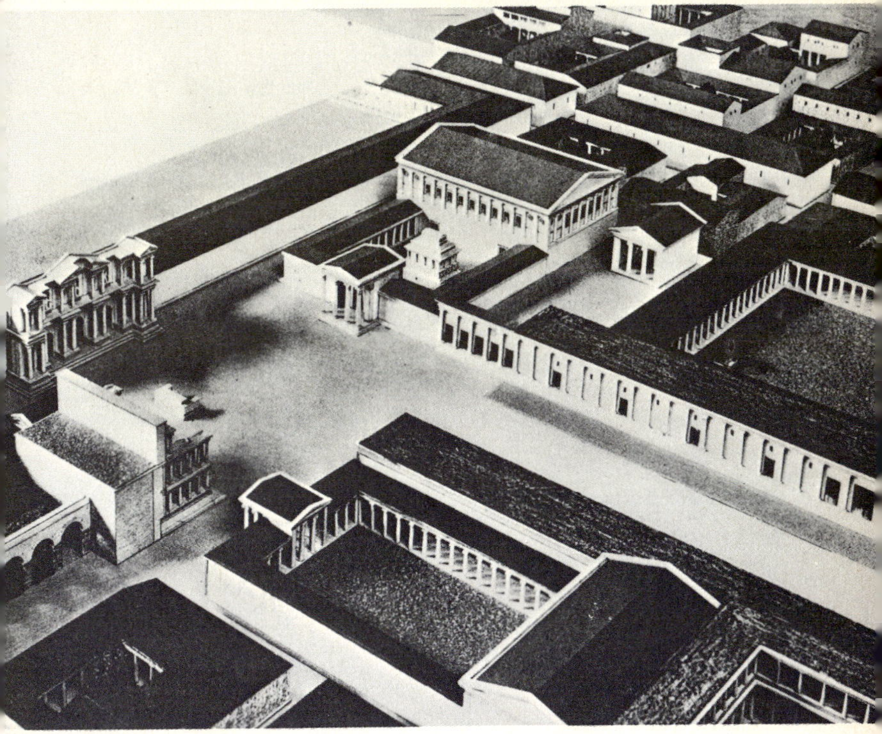

12 KLASSISCHER STADTKERN: POMPEJI

Pompeji ist die einzige Stadt der antiken Welt, die mit allen Häusern, Straßen und Bauwerken vom Zeitlauf unberührt erhalten geblieben ist. Das verdankt es den beiden großen Heimsuchungen – deren zweite, bei der es im Jahre 79 n. Chr. unter Vulkanasche begraben wurde, tödlich war. Nur gelegentlich hat die sorglose Neugier von Forschern im 18. Jahrhundert die Decke geöffnet und Bruchstücke entfernt, die besser an Ort und Stelle geblieben wären. Etwa ein Drittel der 65 ha großen Fläche bleibt noch auszugraben. Weil Pompeji eine verhältnismäßig leicht zu lösende Aufgabe war, hat man es wohl als eine gewöhnliche, »uninteressante« Stadt abgetan. Das ist archäologischer Snobismus. In Wirklichkeit bleibt Pompeji ein lebendiger Zeuge für den Reiz und die Herrlichkeit griechisch-römischen Stadtlebens im 1. Jahrhundert n. Chr. und ist doppelt wertvoll wegen seines vielfältigen Ursprungs (Osker, Samniten und Griechen) und der Mannigfaltigkeit seines Lebens. Welche moderne Stadt von zwanzig- bis dreißigtausend Einwohnern kann denn eine so gut geordnete Gruppe öffentlicher Bauten um ein so hübsches Forum aufweisen? So viele ansehnliche Beispiele von Bädern, Theater, Odeon, Arena, Gymnasium oder ganz allgemein einen solchen Aufwand für das Gemeinschaftsleben? Ostia, der Seehafen Roms, gibt jetzt endlich viele ähnliche Vorzüge frei, so daß man also Pompejis bewundernswerte Eigenschaften als durchaus typisch für kleinere Städte ansehen muß. Allerdings zeigen Ostias »Gartenwohnungen« wie auch Herkulanums beengtere Arbeiterviertel, daß Pompejis Geräumigkeit vielleicht auf seinen größeren Wohlstand zurückzuführen ist, den es als Mittelpunkt eines größeren Gebietes genoß. Wie in andern lateinischen Städten war auch hier der innerste Kern das Forum, das in Pompeji 142 mal 38 Meter maß. Es war, wie die Poller zeigen, für den Fahrverkehr gesperrt, durch Bogengänge zu betreten und bildete eine Fußgängerpromenade, an der die Gerichtsgebäude, Tempel und Markthallen zusammengefaßt waren. Innerhalb dieses Gebietes bestanden die größtmöglichen Gelegenheiten für Zusammenkünfte der Bürger. Von der Gräberstraße, die einer der Zufahrtswege ist, bis zu dem in die Mauer eingefügten Turm des Merkur, von den Vorstadtvillen am Stadtrand – etwa dem Haus der Geheimnisse – bis zu der Vielzahl von Gebäuden und Plätzen im Innern erhält man ein lebendiges Zeugnis von einem Musterbeispiel römischer Stadtplanung.

Oben und unten: Ansichten des Forums, im Vordergrund der Jupitertempel. Aus: Amedeo Maiuri, *Pompeji.*

13 ALLTAG IN POMPEJI

Pompejis Ruinen überliefern uns viele Einzelheiten des Alltags, nicht zuletzt die Reklametexte und jugendlichen Kritzeleien auf den glatten Wänden, die dergleichen herausfordern (oben links), zumal in der Geschäftsstraße, die »Straße des Überflusses« hieß. Hier finden wir Wahlankündigungen von Kandidaten für öffentliche Ämter, Botschaften von Liebhabern, Einzelheiten des örtlichen Tratsches und Zitate aus Vergil und Properz, insgesamt 15 000, die noch ergänzt wurden durch Ladenschilder, auf denen die Arbeit der Handwerker abgebildet ist. Helen Tanzer's *Common People of Pompeji* stützt sich weitgehend auf diese Wandmalereien. Zum ersten Mal bekommen wir ein vollständiges Bild von den werktäglichen Beschäftigungen und der Umgebung, in der sie stattfanden – manchmal in alten Wohnhäusern, die mit dem Anwachsen der Bevölkerung in eine Walkmühle, eine Bäckerei (oben rechts) oder eine Stadtküche verwandelt wurden, wo dann der Besitzer hinter dem Laden oder im ersten Stock wohnte. Man beachte eine der engen Straßen (unten links), die für Lastträger oder Lasttiere bestimmt war, mit ihren erhöhten Gehsteigen und Trittsteinen für Fußgänger, mit dem Brunnen und dem massiven Steinpflaster, in das auf den breiteren Fahrstraßen Geleise eingegraben waren – entweder für Wagen oder von Wagen. Pompeji zeigt zwar viele klassische Stadthäuser, deren jedes seinen geräumigen Innenhof (Atrium), Brunnen, Standbilder und Wandmalereien hat, doch verdient besonderes Interesse auch dieses kleine Bordell mit vorspringendem Obergeschoß, von dem oft mit vielsagendem Flüstern erzählt wird, es sei voll von obszönen Bildern »Nur für Männer«. In Wirklichkeit sind die einzige Zier der engen Kammern mit ihren Steinbetten kleine Medaillons über den Türen, welche die klassischen Stellungen beim Geschlechtsverkehr zeigen – etwas überflüssig, aber hübsch. Wie die pompejanischen Wandmalereien überhaupt verraten auch diese Medaillons eine Anmut und einen verfeinerten Geschmack, die für die Zeit und für die Gegend bezeichnend sind.

Oben rechts: Foto Ewing Galloway.

14 POMPEJI UND PAVIA

Pompeji gab es bereits im 7. Jahrhundert – einige unlängst im Berghang entdeckte vorgeschichtliche Grabhöhlen deuten sogar auf eine noch viel ältere Niederlassung hin –, als die Griechen anfingen, Unteritalien zu kolonisieren. Irgendwann, möglicherweise nach dem Sieg der Römer über die Samniten, muß dem wachsenden Pompeji die ordentliche Planung in rechteckigen Häuserblöcken vorgeschrieben worden sein. Abweichungen im Straßenverlauf bezüglich Breite, Richtung oder beidem, etwa in der via dell' Abondanza, lassen auf ein langsames, organisches Wachstum schließen. Die rechteckigen Blöcke sind 95 oder 116 Meter lang und 34 Meter breit, die quadratischen haben eine Seitenlänge von 61 Meter. Man beachte, daß die öffentlichen Plätze und Bauten ganz richtig an der einen Seite der Durchgangsstraßen liegen. Als die Römer anfingen, Kolonialstädte zu bauen, übertrugen sie ihre rechteckige Ordnung auf die ländliche Umgebung, indem sie das System der Zenturien einführten. Die Grundeinheit war das Heredium von einem halben Hektar; 100 Heredien bildeten eine Zenturie. Damit schufen sie eine geometrische Ordnung des Landes, die heute noch aus der Luft zu erkennen ist. Eigentliche Kolonialstädte, die als fertige Einheiten geplant wurden, zeigen eine noch strengere Ordnung, wie an den Ruinen vom Timgab zu erkennen ist. Alle Elemente der römischen Planung mit kleinen quadratischen Blöcken sind heute noch in Pavia sichtbar, wobei man die typische Kreuzung von Cardo und Decumanus beachten sollte. Die Hauptbrücke über den Ticino, die hier gezeigt wird, steht an derselben Stelle wie die alte Römerbrücke und führt zur Hauptstraße, und die heutige Einwohnerzahl von 50 000 erreicht die obere Grenze der alten Kolonialstädte. Der Umstand, daß Pavia heute noch im wesentlichen dieselbe Stadt ist wie auf einem Stich von 1599 – nur die große Piazza an der Stelle des alten Forums ist teilweise bebaut worden –, hat es Pavia wie vielen andern kleineren Städten in Europa ermöglicht, die Eisenbahnanlagen der Wohngegend fernzuhalten. Die großartige Lebenskraft und Kontinuität dieser kleinen Stadt steht in wohltuendem Gegensatz zu dem übermäßig gewachsenen und aus dem Leim gehenden Rom. Pavia ist ein erfolgreiches Beispiel für Howards Grundsatz der planmäßigen Zerstreuung in kleineren Städten.

Oben: Luftaufnahme von Pompeji im Jahr 1930. Foto Italienisches Luftfahrtministerium.
Unten: Pavia. British Crown Copyright Reserved.

15 TEMPEL UND MARKTHALLE

Das Pantheon, das schönste Einzelbauwerk, das Rom uns hinterlassen hat, ist symbolischer Ausdruck von Roms Macht und Wollen in ihrer edelsten Form. Das Innere, dessen Kuppel zum Himmel offen ist, erweckt religiöse Empfindungen von einer Tiefe, welche St. Peter in ein Denkmal vulgärer Schaustellerei verwandeln, das auch die Sixtinische Kapelle nicht zu retten vermag. Hier wurden die Gottheiten aus Ländern und Städten, die Rom eroberte, zur Schau gestellt. So war das Pantheon damals eine Art lebendigen Museums der vergleichenden Religionswissenschaften. Einige dieser Religionen, so der Isis- und Serapiskult oder die Erlösungsreligion des Mithras, übten stärkere Anziehungskraft aus als die römischen Götter, ehe diese vom Christentum hinweggefegt wurden. Die Markthalle des Trajan kann es mit ihrer Ansammlung von Läden in drei Stockwerken heute mit jedem amerikanischen Supermarket aufnehmen, obwohl die Anlage der Läden auf der obersten Terrasse auf eine größere Vielzahl von Einzelbesitzern schließen läßt. Da römische Kunden sich anscheinend ebensowenig wie die heutigen Italiener von Treppen abschrecken ließen, erweist sich Trajans Markthalle als ein Wunder an geschlossener Planung. Pantheon und Markthalle überbrückten die Kluft zwischen dem antiken und dem mittelalterlichen Rom. Jenes wurde eine christliche Kirche, was es heute noch ist, während diese als Wohnhaus beansprucht wurde, wie die Häuser über der Markthalle beweisen. Diese Ausnutzung alter Gebäude in fast unveränderter Gestalt für neue Zwecke und Notwendigkeiten milderte Armut und Schmutz der Übergangszeit zwischen dem 5. und 10. oder, im Falle Roms, dem 15. Jahrhundert. Immerhin hat das republikanische und das kaiserliche Rom uns Gespenster hinterlassen, die nicht nur in den Ruinen umgingen, sondern mit ihren Ketten in manchen fernen Städten rasselten, in denen Rom seine Macht einmal geltend gemacht hatte. Wo immer Macht und Ordnung im Westen sich fanden, wurden sie gewöhnlich von einem Abbild des Stils der römischen Cäsaren begleitet, sogar in so fernen Gegenden wie New Delhi.

Oben: Das Pantheon. Foto G. E. Kidder Smith.

Unten: Markthalle des Trajan jenseits des Forum Romanum, von unten und von oben gesehen. Die Form der offenen Läden, die heute noch an der Via Biberatica zu sehen sind, wurde vom Mittelalter übernommen.

MAGRIP
L·F·COS·TERTIVM

16 MASSENBEHÄLTER

Stellt man ein Bild des römischen Colosseums neben eine Ansicht des Theater- und Amphitheaterbereichs von Arles, so erblickt man mit halbgeschlossenen Augen ein Bild, wie es sich einem Adler über Rom im 3. Jahrhundert geboten hätte. Die Amphitheater waren genügend groß und zahlreich, um zusammen mit den Kampfbahnen, Bühnentheatern und Bädern den größeren Teil der Stadtbevölkerung aufzunehmen. Das ist mehr, als man selbst von dem ausschweifenden Aufgebot solcher Bauten heute sagen kann. Die Zuschauer auf den obersten Rängen des Zirkus hatten nicht nur einen atemberaubenden Aufstieg hinter sich, sondern wurden auch von dem Eindruck der Ferne berauscht, wenn sie endlich oben waren. Bei Tage wurde Rom nach Julius Cäsars Zeit nicht mehr durch Fahrzeuge belästigt, doch waren die Wohnviertel innerhalb der Aurelischen Mauer leicht zu Fuß zu erreichen. Anmarsch und Abmarsch der Zuschauermassen vollzogen sich wohl langsam, aber nicht so langsam, wie das heute vonstatten geht, da wir Parkplätze und die theoretisch schnellen Autostraßen haben, deren Schnelligkeit in demselben Verhältnis abnimmt, wie der Boden genutzt wird und das Ladegewicht steigt. Die Rückkehr dieser Amphitheater und Stadien in die moderne Stadt ist ein Anzeichen nicht nur für die Wiedergeburt der Wettkämpfe, sondern für das Auftreten brutalerer Sportarten, die teilweise einen Ausgleich für das erschlaffte, übermäßig reglementierte Dasein in den Wirtschaftsmetropolen bilden.

17 URBILD DES MITTELALTERS

Lorenzetti di Ambroggios Gemälde in Siena zeigt das Urbild der mittelalterlichen (italienischen) Stadt. Sieht man von dem besonderen Charakter der Gebäude und der Betonung der Senkrechten ab, so ist dies das Urbild der historischen Stadt aller Epochen mit befestigter Zitadelle, Ringmauer und großen Toren. Indem der Künstler die Zahl der Gebäude beschränkte und die horizontale Ebene verkürzte, hat er nicht nur die Türme hervorgehoben, sondern ganz allgemein die Senkrechte betont und damit das Gefühl für Gärten und Plätze im Innern ganz verloren. Das Bild ist dadurch fast eine Prophetie künftiger Wandlungen. In den Rathäusern von Florenz und Siena gibt es viele Ansichten von Städten, darunter die berühmte Allegorie von der guten und der schlechten Regierung in Siena. Daß die mittelalterliche Kunst so häufig Städte darstellt, teils in intimen Ausschnitten, teils in Panoramen, die viel älter sind als die großen Atlanten und Städteführer des 16. Jahrhunderts, verrät eine liebevolle Beschäftigung mit der Stadt als einem absichtsvollen Kunstwerk.

Foto Instituto Fotocromo Italiano S. A., Firenze.

18 KLÖSTERLICHE ORDNUNG

Vom 12. Jahrhundert ab trat das Kloster, wie der Plan von Valenciennes (Tafel 32) zeigt, in allen Teilen der Stadt in Erscheinung. Da selbst in Italien seit dem 16. Jahrhundert nur wenige mittelalterliche Klöster der Zerstörung, Verlegung oder »Verschönerung« entgangen sind, habe ich als Abbildung einen späteren Karthäuserbau aus Antwerpen ausgewählt, der wie so viele Pläne des Barock erkennen läßt, wie wenig der übliche mittelalterliche Plan zunächst von der neuen Geräumigkeit berührt wurde, obwohl die Details im Ornament und in der Struktur rasch geändert wurden. Die alte Ansicht des St.-Thomas-Hospitals in London zeigt eine ähnliche Verbindung von Abgeschlossenheit und Offenheit. Diese abgeschlossenen Höfe mögen sehr wohl die Plätze in den Wohnvierteln angeregt haben, die im 17. Jahrhundert aufkamen. Als aber Fahrverkehr auf diesen Plätzen zugelassen wurde, opferte man Ruhe und Frieden der bewegten Schaustellung. Innenraum gab es erst wieder bei dem radikal neuen und verbesserten Entwurf für Ladbroke Grove in London um die Mitte des 19. Jahrhunderts. Das war einer der Höhepunkte der viktorianischen Planung von Wohnvierteln und der unmittelbare Vorfahr eines der wichtigsten Punkte des Radburn-Plans: der ununterbrochene Grüngürtel im Stadtinnern.

Oben: Karthäuserkloster. *Unten:* St.-Thomas-Hospital. Aus: Robert Carrier, *The Vanished City*, London, Hutchinson & Co..

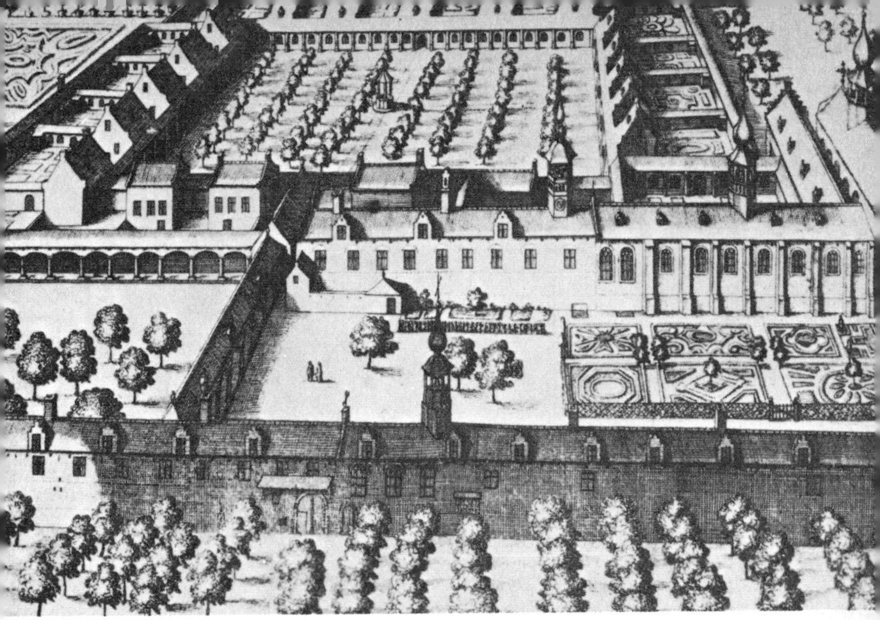

19 MITTELALTERLICHES OXFORD

Oxford dürfte zwar zur Zeit des Duns Scotus noch nicht so schön gewesen sein wie im 17. Jahrhundert, aber schon damals muß es eine »vieltürmige Stadt mit Geäst zwischen den Türmen« gewesen sein; »vom Kuckuck widerhallend, von Glocken erschallend, von Lerchen durchsungen, von Raben bezwungen, vom Fluß ganz umringt«. Viel von dem Grün ist geblieben, freilich bedroht von ständig wachsenden Autostraßen und einem allzu erfolgreichen Automobilwerk, das nun in Gestalt von Forschungsstipendien und Gebäuden zurückzuzahlen versucht, was es der Umgebung vorher geraubt hat. Die weite Ansicht zeigt Altes und Neues, vom viktorianischen Gasometer (unten) bis Christ Church Meadow und bis zum Turm des Magdalen College (oben rechts). Die Oxforder Colleges, die sich selber verwalten, sind ein klösterlich um Rasenflächen oder Gärten gelegener typischer Komplex von Gebäuden, die eine Reihe von zusammenhängenden Innenhöfen bilden. So entsteht eine Gruppe von Superblocks, die normalerweise nur Fußgängern zugänglich sind. Der College-Bezirk sprengte die Blockdimensionen, welche die milesischen und römischen Planer geschaffen hatten, und befreite die Gebäude aus ihrer starren Anordnung entlang von Korridorstraßen. Hier haben wir den Prototyp der Superblock- und Bezirksplanung. Wo sie bis in neuere Zeit fortgeführt worden ist, wie etwa in den großen Inns of Court in London oder beim Harvard College Yard, erweisen sich ihre Isolierung gegen den Verkehrslärm und ihre Freizügigkeit bei der funktionalen Anordnung der Gebäude als eine höchst befriedigende Anpassung an moderne Bedürfnisse. Die Vorstellung, daß das Stadtleben identisch sei mit dichter Bebauung oder mit dem Verzicht auf Bäume und Gärten, beruht entweder darauf, daß man nicht genug von Städten weiß, oder auf einer mangelhaften Bestimmung dessen, was Stadtleben ist. Cambridge und Oxford haben ebenso wie das mittelalterliche Venedig eine überlegene Methode der Planung und Anordnung sehr individueller Stadtviertel vor Augen geführt.

Oben: Foto Aerofilms and Aero Pictorial Ltd. London.
Unten: Foto Aerofilms Ltd. London.

20 HOCHGETÜRMT UND EINGEFRIEDET

Die Kathedrale von Segovia stammt aus dem Anfang des 16. Jahrhunderts, ihre Mauern reichen jedoch bis ins 11. Jahrhundert zurück. Mit ihrem über hundert Meter hohen Turm und ihrer Stellung zur übrigen Stadt ist sie ein vollkommenes Beispiel dafür, welches Verhältnis im Mittelalter die Kirche zum Gemeinwesen einnahm. Die sakralen Bauten des Mittelalters waren kosmisch-religiös angeordnet, so daß das Schiff in west-östlicher Richtung verlief, ohne auf die Stellung der übrigen Bauwerke Rücksicht zu nehmen. Der Sakralbau ist zwar eindeutig beherrschend, liegt aber niemals mathematisch im Mittelpunkt. Die zentrale Lage kommt erst mit dem Barock. Hätte man die natürlichen Möglichkeiten, auf denen Städte wie Segovia oder Chartres beruhten, wirtschaftlich genutzt und gerecht verteilt, so hätte dadurch jeder Einwohner ein paar Pfund Fleisch im Jahr mehr bekommen. Die Mitglieder der Metzgerinnung, die so großzügig zum Bau der Kathedrale von Chartres beitrugen, hätten also dicker werden und sich noch üppiger kleiden können, wenn sie ihr Geld für private Zwecke behalten hätten. Die Kathedrale aber trug dazu bei, die Dimensionen des gemeinschaftlichen Lebens selbst für die Armen weit über die Lebenszeit der Erbauer und Stifter auszuweiten. Das Beginenhaus in Amsterdam, das Werk eines Laienordens mit vielen Niederlassungen überall in den Niederlanden – ein besonders schönes Heim befindet sich in Brügge –, zeigt uns eine andere Möglichkeit mittelalterlicher Einfriedigung; es besitzt reichlich freien Raum, wie das gewöhnlich bei solchen Gemeinschaftshäusern der Fall war. Der menschliche Maßstab mittelalterlicher Krankenhäuser und Altersheime hebt sich vorteilhaft von den gartenlosen Kasernen ab, die so typisch für das 19. Jahrhundert und später sind. Man beachte, daß die Kapelle unlöslicher Bestandteil des Ganzen ist.

Oben: Segovia. Foto Ewing Galloway.
Unten: Beginenhaus in Amsterdam.

21 STEINERNES VENEDIG

Auf dem Höhepunkt seiner Geschichte, zwischen der Vollendung des Dogenpalastes und dem Bau des Palastes der Prokuratoren, war Venedig eine der schönsten Städte der Welt; nur Peking konnte es vielleicht mit ihm aufnehmen. Der Canale Grande, der sich zwischen den alten Palästen im Westen und Santa Maria della Salute und dem Alten Zollhaus hinzieht, ist nicht nur eine Wasserstraße, sondern ein Zauberspiegel. Das mittelalterliche Venedig hat auch schon die besten Erfindungen der Stadtplanung des 20. Jahrhunderts auf brillante Weise vorweggenommen. Die Trennung des schnellen Verkehrs großer Fahrzeuge auf dem Canale Grande von der langsameren Schiffahrt auf den verschlungenen kleineren Kanälen und dazu die vielfältigen Fußwege nahmen als großartige Neuerung den Radburn-Plan vorweg. Die Lagunen zwischen den Inseln bilden als Wasserbezirke ein Gegenstück zu den Grüngürteln. Der Hauptverkehrsweg des Canale Grande, der auf dem oberen Bild das U bildet, zeigt das ideale Verhältnis einer solchen Hauptader zur Stadt: er verläuft als Tangente an der Peripherie und nähert sich den empfindlichen inneren Organen der Stadt ausschließlich durch kleinere Adern und Äderchen. (Man vergleiche damit Benton MacKaye's brillante Untersuchung (1929) über den komplementären Charakter der heerstraßenlosen Stadt und der stadtlosen Heerstraße.) Indem »fortschrittliche« Straßenbauer diesen vernünftigen Grundsatz in den Wind schlugen, brachten sie Unordnung und Verderben in die Städte, welche die Opfer ihrer selbstgefälligen Irrlehren wurden. Die nähere Ansicht des Markusplatzes zeigt die dort herrschende organische Ordnung, wobei jedes Zeitalter seinen ganz persönlichen Beitrag zum Stadtganzen leistet, das durch diese geschichtliche Mannigfaltigkeit eher verbessert als zerstört wird. Die hier geschaffene architektonische Qualität steht nicht allein, sondern wiederholt sich mit kleineren Varianten auf dem Campo (Gemeindeplatz) jedes Kirchsprengels mit seinem hohen Campanile, seiner Kirche, manchmal auch Schule oder Innungshaus, mit seinem alten Brunnen oder einer Pumpe und mit Trattoria und Café. Jeder Sprengel zeigt in kleinerem Maßstab die wesentlichen Organe der großen, allumfassenden Stadt und bietet ein Höchstmaß an Möglichkeiten menschlicher Zusammenkünfte und Begegnungen auf allen Ebenen, die alle vom Zentrum aus zu Fuß erreichbar sind. Selbst auf dieser perspektivisch verkürzten Luftaufnahme sind die Campi deutlich an den Kirchtürmen oder freien Plätzen zu erkennen, die jetzt allein noch die heute viel zu dichte Bebauung mildern. Das Wasserbecken und die Schuppen unmittelbar über dem Campanile von San Marco gehören zu dem Arsenal-Viertel, dem ersten spezialisierten Industrieviertel, das sich heute gegenüber der um Jahrhunderte älteren Darstellung auf Tafel 34 nur wenig verändert hat. Um das Problem seiner heutigen Übervölkerung zu bewältigen, ohne alles das preiszugeben, was Venedig als prächtiges Gesamtkunstwerk so außerordentlich macht, bedarf die Stadt nicht eines totalen Umbaus, sondern dessen, was Patrick Geddes »konserva-

tive Chirurgie« nennt. Es gilt, totes Stadtgewebe zu entfernen und durch moderne Bauten desselben Maßstabes zu ersetzen, vor allem aber im Innern freien Raum zu schaffen. Neues Wachstum um dieses immer noch aktive Handels- und Industriezentrum herum erfordert den Bau von Trabantenstädten nach einem zusammenfassenden Regionalplan. Die Stadtverwaltung hat klugerweise den Entwurf einer solchen »Neustadt« in Auftrag gegeben.

Fotos Stadtverwaltung von Venedig.

22 FEIER UND SPIEL

Venedig war eine festfreudige Stadt, deren Farbe, Vitalität und Musik, die im Druck nicht wiederzugeben sind, noch heute die ganze Stadt durchdringen. Ihre großen Künstler wie Giovanni Bellini und Tintoretto haben uns den festlichen Glanz, dessen Duft man heute noch im leeren Bankettsaal des Dogenpalastes zu verspüren meint, ungeschmälert überliefert. Zwei dieser Bilder von Bellini zeigen die Kanäle und Brücken zur Zeit, da sie ständig benutzt wurden, und berichten dem Leser mehr über jenes Leben als irgendwelche Anmerkungen von mir oder selbst von Ruskin. Das Bild unten rechts von einem Meister des 18. Jahrhunderts zeigt uns eine andere Seite des Lebens in Venedig, die spontan in Szene gesetzte volkstümliche Commedia dell' Arte, deren literarische Gestaltung durch Goldoni sozusagen das letzte Zwiegespräch dieser sterbenden Stadt hervorbrachte, »die einst den prächt'gen Osten in Tribut gehalten«. Die dunklere Seite dieses Bildes, das teuflische Gefängnis, das man über die Seufzerbrücke erreichte und wo die Opfer der Inquisition eingekerkert und gefoltert wurden, ist heute noch zu besichtigen. Man betrachte auch die großen Nachbildungen venezianischer Galeeren im Arsenalmuseum. Sie führen einem getreulich die Schrecken der Galeerensklaven vor Augen, welche Venedigs herausfordernde Flotten bemannten. Venedigs Malerei, Baukunst und Musik waren jedoch nicht nur Ausdruck seiner strahlenden Lebensfreude. Tintoretto hatte Tiefen, die Rembrandt vorwegnehmen, und Palladios Kirche auf dem Inselchen San Giorgio zeigt im Innern eine Reinheit, die kaum ihresgleichen hat. Trotz aller Eitelkeit und Verworrenheit hat das Leben einige seiner größten Augenblicke in Venedig erreicht. Hätte man die bürgerlichen Tugenden Venedigs besser begriffen und nachgeahmt, so wären spätere Städte besser geplant worden.

Fotos von der Academia und der Stadtverwaltung in Venedig.

23 CHRISTLICHE TUGENDEN

Alkmaar, das als Zentrum der Käseherstellung berühmt ist, verdient unsere Aufmerksamkeit schon deshalb, weil sein unregelmäßiger Gitternetzplan ebenso wie bei Middelburg und Delft uns lehrt, daß dieser uralte Grundriß im Mittelalter nicht nur auf Grenzfestungen beschränkt war. Der namenlose Meister von Alkmaar, gewiß kein schlechter Maler, hat uns kostbare Ausschnitte aus der Baukunst der mittelalterlichen Stadt übermittelt: Bürgerhäuser mit ihren bewundernswert praktischen Fenstern, die ebenso blitzblank gehalten wurden, wie man sie später bei Vermeer und de Hoogh findet. Diese vier Beispiele aus seinen »Sieben Werken der Barmherzigkeit« zeigen uns ferner die christlichen Neigungen der mittelalterlichen Stadt: die Speisung der Hungrigen, die Pflege der Kranken und Verwundeten. Solche barmherzigen Taten wurden vom 15. Jahrhundert an noch notwendiger, als die Klassen schärfer geschieden wurden und ein gewerbliches und industrielles Proletariat entstand, das nicht mehr aufs Land ausweichen konnte. Man beachte die gutgemachten Betten und das Kaminfeuer im Krankenhaus – durchaus ebenbürtig der Darstellung vom Traum der heiligen Ursula bei Carpaccio.

Foto Rijksmuseum Amsterdam.

24 FLORENZ

Obwohl sich an den Rändern von Florenz die Industriewerke ungeheuer vermehrt haben, enthält der Stadtkern immer noch größtenteils dieselben Gebäude, die dieser Stich aus dem 18. Jahrhundert zeigt. Die Kuppel des Doms beherrscht immer noch die Landschaft, wenn man sich der Stadt von ferne, zumal von den Hügeln um Fiesole nähert, und noch hat man keine hochragenden Mietshäuser zugelassen, wie sie in Mailand den Raum um das große gotische Bauwerk eingenommen haben. In keiner andern mir bekannten Stadt wird soviel von der »brauchbaren Vergangenheit« heute noch benutzt – nicht im Geiste pietätvoller Anpassung, sondern als fortdauernde Funktion des täglichen Lebens. So kommt es, daß die Männer, die am Johannistag in Renaissancekostümen von Santa Maria Novella nach der Signoria ziehen, die gleichen Gesichter haben, die man auf Renaissancebildern sieht, und ihre Kostüme ganz ungezwungen tragen, als hätten sie diese niemals abgelegt. Gleichwohl haben wüste Verirrungen und mörderischer Wahn das mittelalterliche Florenz, das seine Nachbarn angriff und gleich dem grausigen Wesen in Dantes Inferno am eigenen Fleische nagte, ihre Spuren an den grimmigen Palästen hinterlassen: Beispiele der brutalen Renaissance. – Abgesehen vom Vordergrund sehen wir Florenz hier noch ziemlich so, wie man es heute vom jenseitigen Flußufer aus sieht, denn die Innenstadt zeigt im Kern immer noch den alten römischen Stadtplan und hat dem Zahn der Zeit weit besser widerstanden als London oder Paris. Die Signoria, der Bargello und die Loggia dei Lanzi verbindet uns mit der Zeit Dantes und Giottos, dessen Turm sich vor dem Dom erhebt; aber die Stadt, die wir hier sehen, wie sie im 18. Jahrhundert dargestellt wurde, ist vor allem Florenz, wie Michelangelo und Leonardo es kannten. Die Berge sind übertrieben, lehren uns jedoch, wie sehr es die oberen Klassen schon seit langem vor die Tore der Stadt zog, obwohl ein Stadtplan von 1783 zeigt, daß es damals am Rande der Stadt innerhalb der Mauern noch viel freien Raum gab – einen Grüngürtel im Innern, der hinter Santa Maria Novella anfing.

Arno Fiume

25 GELASSENHEIT DER RENAISSANCE

Als eine Ansammlung öffentlicher Gebäude bleibt die Piazza SS. Annunziata (oben) noch heute ein klassisches Beispiel dreidimensionaler Stadtplanung. Einige ihrer Lehren sind immer noch nicht richtig verdaut worden. Hier stehen sich, geht man auf die Kirche zu, zwei berühmte Baumeister beiderseits des Platzes gegenüber. Brunelleschi gibt in seinem Kinderkrankenhaus ein Beispiel der Ordnung, während San Gallo mit seinem Waisenhaus, ganz in der urbanen Manier der Renaissance, sich diesem Beispiel anschließt. Michelozzos Kirche am Ende des Platzes ist vielleicht niedriger und nicht so vortrefflich, wie sie sein sollte, sind doch selbst ihre Bögen nicht ganz so breit. Der Umstand aber, daß diese kleinen Unterschiede nicht systematisch ausgebügelt wurden und daß die auf den Platz führenden Straßen mit Ausnahme der wichtigsten nicht axial angelegt sind, ist noch ein Zeugnis der Freiheit, mit der man im Mittelalter diese Dinge handhabte. In einer Hinsicht gibt dieser Platz ebenso wie die Uffizien (unten) ein glückliches Beispiel, das noch heute sehr wertvoll sein könnte. Diese Bauwerke stehen auf eigenen Stützen über der Straße. Weder Fahrverkehr noch abgestellte Wagen zerstören den ästhetischen Anblick oder Ausblick der Loggia. Ebenso bewahrt der tiefer gelegene Platz vor den Uffizien, der heute als Parkplatz dient, das Gebäude selber vor den Autos, wie es bei einem Fußweg zu ebener Erde nicht möglich wäre. Um zu sehen, wieviel dadurch gewonnen wird, braucht man nur zu vergleichen, wieviel vom Place Vendôme in Paris hinter den Reihen der Autos in Augenhöhe verloren geht (Tafel 30). Die Piazza SS. Annunziata ist keine makellose Komposition, denn die lange Fassade der Kirche, die den unharmonischen hinteren Teil nicht genügend verbirgt, wäre nur zu retten gewesen, wenn man sie auf noch höhere Stützen als die beiden andern Gebäude gestellt hätte. Im übrigen sind aber die Ausmaße der Erhöhung und des freien Platzes bewundernswert. Bei den Uffizien verrät der Blick durch den Rundbogen, dieses eigentliche Motiv der Frührenaissance, der bei vielen kleineren dekorativen Werken wiederkehrt, die neue Raumvorstellung, wie sie in Florenz ihren menschlichen Höhepunkt erreichte, ehe sie allzu sehr typisiert und dadurch bedrückend wurde.

26 DREIFACH VERWENDBARER RAUM

Die Piazza Navona (links) verdankt ihre Gestalt einer alten römischen Rennbahn, und ihre Offenheit überdauerte Zerfall und Verschwinden der ursprünglichen Anlage. (Noch im 18. Jahrhundert zeigt eine Zeichnung des Giuseppe Zocchi eine Piazza in Florenz, die als Rennbahn diente und an jedem Ende einen Obelisk hatte.) Berninis Kirche und Brunnen verliehen ihr durch Schönheit Leben, aber dieses Leben hatte, wie dieser Stich aus dem 18. Jahrhundert zeigt, viele Seiten: ein Spazierweg für Liebende, ein Marktplatz, ein Spielplatz für Kinder aus der Nachbarschaft mit Restaurants zu beiden Seiten des Platzes, wo ganze Familien, drei Generationen vereint, essen, schwatzen und trinken konnten. Heute haben wir die einfachen Lebensfunktionen soweit spezialisiert, daß ein Stadtplaner kaum wagen würde, einen Spielplatz vorzuschlagen, der für so viele andere Funktionen Möglichkeiten bietet, oder sonst eine dilettantische Verbindung von undifferenziertem Raum und Funktionen. Dabei ist diese Schichtung menschlicher Tätigkeiten, die verschiedenen Zwecken dienen, typisch für die klassische Stadt und bleibt eine ihrer größten Leistungen, nicht zuletzt wegen der sparsamen Verwendung des Raumes. Da den Planern heute ein derartiger Raum fehlt, der sich verschiedenen menschlichen Möglichkeiten anpassen kann, nehmen sie Zuflucht zu ausschweifenden Verrücktheiten, wie sie auf Tafel 48 zu sehen sind. Der freie Platz um den Dom von Florenz (rechts), der hier mit Giottos Turm und dem Baptisterium gezeigt wird, fand insbesondere Verwendung für Prozessionen, wie hier eine dargestellt ist. Aber auch das war wieder nur eine von vielen Funktionen, für die auf Kirchplätzen und Marktplätzen Vorsorge getroffen wurde: weltliche Umzüge und Theateraufführungen, ganz zu schweigen von Hinrichtungen. Schließlich beachte man noch, daß der Obelisk am hinteren Ende der Piazza Navona als Gegenstück zu einem Turm in der Mitte dient und damit verrät, daß das Auge im Barock immer noch wie im Mittelalter Verlangen nach schlanken Akzenten der Senkrechten trug.

27 DYNAMIK DES BAROCKS

Berninis Kolonnaden von St. Peter sind der prächtige Höhepunkt barocker Planung. Mit ihrem Schwung, ihrem Ausmaß und ihrer Ordnung löscht die Kolonnade die wirre Umgebung aus und schafft nicht nur einen würdigen Zugang zum Dom, sondern auch eine Bühne für die Massen, welche an den Feiern unter freiem Himmel teilnehmen. Unsere Aufnahme (oben) wurde gemacht, ehe man die Gebäude, die früher die Achse blockierten, entfernte und den Platz vor den Kolonnaden erweiterte. Der Platz weitet sich nicht mehr plötzlich, sondern für den, der vom Tiber herkommt, ist nun der ganze Dom zu sehen. Wer aber bedauert, daß der mittelalterliche Gegensatz zwischen Enge und Weite verschwunden ist, sollte sich damit trösten, daß die neue Avenue wieder Michelangelos Kuppel freigibt, die vorher durch die Verlängerung des Schiffs, die man gegen seinen Entwurf vorgenommen hatte, dem Blick entzogen war. Die Spanische Treppe (unten) ist ein nicht minder eindrucksvolles Beispiel für dasselbe Planungsprinzip und beweist zudem, daß mittels Konzentration und ästhetischer Vitalität ein verhältnismäßig kleiner Platz Verwendungsmöglichkeiten und Freuden bieten kann, die ein größerer, aber ästhetisch unvollkommener Platz nicht zu vereinen vermag. Die barocke Planung leistete dann am meisten, wenn die unmittelbare Nachbarschaft gedrängter Gebäudekomplexe oder ein unregelmäßiges Gelände sie vor besondere Schwierigkeiten stellte. Dagegen wurde sie nur allzu leicht pompös und leer, wenn dem Planer schrankenlose Mittel zur Verfügung und keinerlei natürliche oder menschliche Hindernisse im Wege standen.

Oben: Foto von Burton Holmes durch Ewing Galloway. *Unten:* Foto Alinari.

28 FORMALISMUS DES BAROCKS

Die Piazza San Carlo in Turin, eines der vollkommensten Beispiele barocker Planung, ist glücklicherweise unzerstört. Vergleicht man sie mit der Piazza SS. Annunziata in Florenz, so sieht man nicht nur Gewinn, sondern auch Verlust; denn die mathematische Ordnung des Entwurfs, die keine Unterbrechung der Dachlinie, keinen Wechsel der wiederkehrenden Elemente und keine Änderung der Abmessungen kennt, schafft Vollkommenheit um den Preis der Lebendigkeit – ein Opfer, das nur für einen transzendierenden religiösen Zweck gerechtfertigt erscheint. Der Gipfel des barocken Formalismus wird hier wie auf der Piazza del Popolo in Rom dadurch erreicht, daß man lediglich der Symmetrie halber beiderseits der Achse zwei gleiche Kirchen errichtet. Der barocke Geschmack, der die Natur mißachtet, erreicht insoweit seinen Höhepunkt, wenn er, wie in Versailles (Mitte), Hecken und selbst Alleen so zurechtstutzt, daß sie strenge Architekturfassaden bilden. Um der Gleichförmigkeit willen steckt der barocke Despot alles in Uniform: Bauten, Straßen, Bäume und Menschen. Diese Reglementierung wäre ohne die andere Seite barocken Lebens unerträglich gewesen: ohne sein sexuelles Ausleben und seinen sinnlichen Überschwang, die symbolischen Ausdruck fanden in der gedrehten Säule und den Wendeltreppen, in den herrlichen Darstellungen des Nackten in Malerei und Skulptur und nicht zuletzt in Berninis Brunnen. Die Akademien für Wissenschaft und Literatur und die Kunstsammlungen verkörperten diese beiden Pole der barocken Stadt: das Mechanische und das Sinnliche, Reglementierung und spielerischen Aufruhr. Die palastartige Kunstsammlung (unten) zeigt jedoch, daß abermals der Rahmen genauso wichtig geworden war wie das Bild selber.

29 HÖFISCHES LEBEN

Das barocke Lebensgefühl benötigte Platz, um zu manövrieren und um Prunk zu entfalten, mochten es nun rollende Equipagen oder marschierende Menschen sein. Unter dem Einfluß des Hofes blühten Schaustellungskünste; nicht nur das Theater, sondern auch die neue Kunstgattung des Barocks, die Oper, mit der typischerweise der Einzeldarsteller, die Primadonna, Einzug hielt. Der Lustgarten verlangte Raum, mit dem das 19. Jahrhundert, außer am Stadtrand, geizte; aber der üppige Pavillon in Ranelagh Gardens fand Nachahmungen mit vielerlei Varianten. Die letzte, vulgäre Gestalt war der Jahrmarkt und Ferienort: Coney Island.

Oben: Typische Szene im Innenhof des Louvre.
Mitte links: Eine noch nicht gänzlich in der Form erstarrte Aufführung bei Hofe.
Mitte rechts: Das wegen seiner Oper berühmte Teatro San Carlo in Neapel mit typischer hufeisenförmiger Sitzordnung.
Unten: Rotunde in Ranelagh Gardens; man beachte die Zentralheizung.

30 ARISTOKRATISCHE WEITE

Die Place Royale, heute Place des Vosges (oben links), war ein richtiger Wohnplatz, aber die Aussicht, die früher die Bewohner auf die Häuser ihrer Mitbürger hatten, wird heute durch Baumreihen und eine Baumgruppe in der Mitte verstellt. Hier verschafft das Haus Victor Hugos, das jetzt Museum ist, dem Besucher Einblick in das häusliche Milieu des ursprünglichen Platzes. Daß diese Art von Platz von den offenen, aber kahlen Innenhöfen der großen Schlösser herrührt, wird an der Luftaufnahme des Louvre (oben rechts) deutlich. Die Fortentwicklung des Platzes in eine kleine Cité, wie es das Palais Royal am oberen Rand dieses Bildes ist, war ein wünschenswerter weiterer Schritt, weil er Schutz vor Straßenlärm, Staub und Fahrzeugen brachte; er hat jedoch niemals genügend Nachahmung gefunden. (Siehe Tafel 31.) Der dritte französische Versuch war die Place Vendôme, die ursprünglich für Wohnungen der Oberschicht entworfen wurde und heute überwiegend Luxusgeschäften Platz bietet. Haussmanns Plan für die Avenue de l'Opéra war des großartigen Baus von Garnier würdig, der vielleicht das frischeste und farbigste Werk barocker Baukunst ist, welches das 19. Jahrhundert aufzuweisen hat. Haussmann hat aber Garniers Absichten zunichte gemacht, indem er die andern Seiten der Place de l'Opéra dem Verkehr öffnete, was weder der Baukunst noch der Musik zuträglich war.

31 PRÄCHTIGE PERSPEKTIVEN

Hat man das Schlimmste über den Formalismus des Barocks gesagt, so muß man sich an zwei, mindestens zwei wunderbare Ausnahmen erinnern: die Boboli-Gärten in Florenz und den Jardin du Luxembourg in Paris (oben). Dieser Blick, der in der Avenue de l'Observatoire endet, ist für den Fußgänger ebenso verführerisch wie aus der Luft, oder eigentlich noch viel verführerischer, denn der freie Raum in der Mitte liefert eine der schönsten Erholungsmöglichkeiten in der Stadt. Hier vermittelt die strengste ästhetische Ordnung ein Höchstmaß an spielerischer Spontaneität und Farbenpracht. Darüber sollten vielleicht einmal »fortschrittliche« Erzieher und »avantgardistische« Künstler nachdenken, die das Spiel langweilig gemacht und die Schöpferkraft jeden Ziels beraubt haben, indem sie alle Regeln abgeschafft und alle Einschränkungen aufgehoben haben. – Das Palais Royal (unten) hat wie die Place des Vosges mancherlei Auf und Ab erlebt, ist aber niemals so verfallen gewesen wie die heutigen Elendsquartiere des Marais weiter östlich in der Gegend von St. Gervais, die nicht genügend freien Raum behalten haben, um sich insgesamt zu schützen. Wie durch ein Wunder sind Bäume und Brunnen erhalten geblieben, und die ganze Anlage ist überhaupt immer noch intakt und reizvoll, wenngleich sie nicht mehr, wie zu Diderots Zeit, von Leben überquillt.

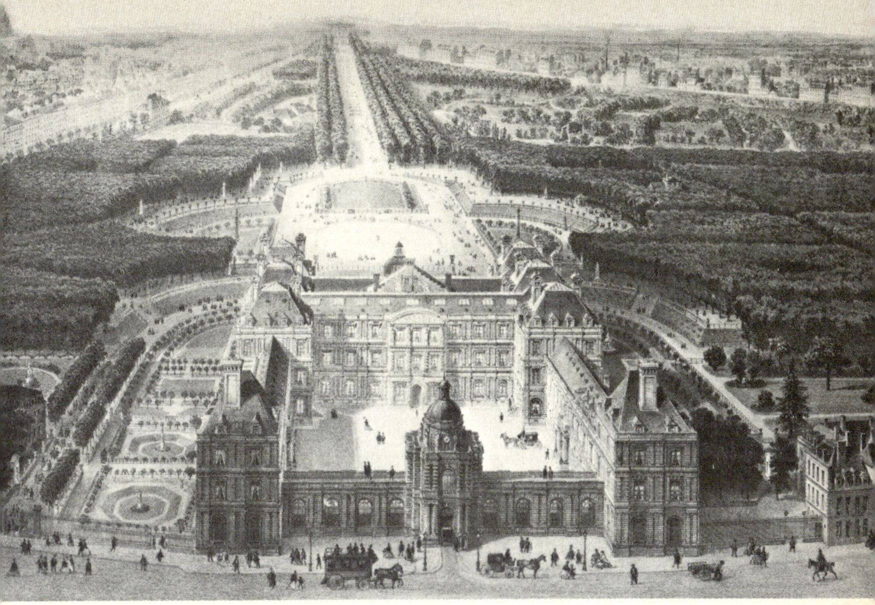

32 AUSWEITUNG UND EINKAPSELUNG

Der Plan von Nizza (oben) zeigt drei klassische Abschnitte im Städtebau, obwohl ich lieber Edinburgh gezeigt hätte, gäbe es von dieser Stadt einen ebenso guten Stich, der in der Mulde zwischen Altstadt und Neustadt noch einen vierten Abschnitt hätte zeigen können: das rauchgeschwärzte Ödland des Eisenbahnzeitalters. Das Schloß oben auf dem Berg hat die typische Gestalt der Akropolis, so daß der steile Felsen selber als Schutzmauer dient. Die Stadt unten zeigt die typische, Block für Block fortschreitende Ausweitung einer Hafengemeinde, die mit ihrem künstlichen Hafen, ihrer Promenade und ihrem unregelmäßigen Straßennetz Schritt für Schritt mehr an Ordnung gewinnt. Der barocke Entwurf kommt in dem regelmäßigen, fast symmetrischen Plan der Ausweitung zur Geltung, wobei die strahlenförmigen Avenuen, die spitz zulaufenden Bastionen und die Kanäle den Plan der Zitadelle oben auf der Höhe wiederholen. Man vergleiche das mit der noch größeren Vielzahl von halbrunden und eckigen Plätzen in der Neustadt von Edinburgh. Aufgrund dieser Planung ermöglichten diese Befestigungswerke ein vielgestaltiges Wachstum. Als Gegensatz nehme man Valenciennes (unten), eine mittelalterliche Stadt, die in Befestigungen eingeschlossen und von einer nicht minder komplizierten Zitadelle beherrscht wird. Unter diesen Umständen war das Wachstum der Stadt begrenzt. Mit einem Vergrößerungsglas stellt man fest, daß ein für den Barock typisches Bauwerk in die Stadt eingedrungen war: die Kaserne. Neben den Kasernen auf der Zitadelle gibt es noch drei weitere. Man beachte auch den Exerzierplatz auf der Place d'Armes vor der Zitadelle, der viel größer ist als der Hauptplatz in der Mitte, an dem das Rathaus steht, als der Rindermarkt unten oder als der Fischmarkt, nicht weit vom Rathaus am Kanal. An anderen Stellen des Plans, kenntlich durch Gruppen von Vierecken, gibt es mindestens acht Klöster mit ihren vielen freien Plätzen und Gärten. Mit seinen Häuserblocks verschiedener Größe und dem ebenso differenzierten und verwickelten Straßennetz, das von einem gewundenen Kanal durchschnitten wird, verrät der Plan langsames, organisches Wachstum. Nach andern Stadtplänen aus jener Zeit, etwa dem von Romilly, zu urteilen, gab es in den großen Häuserblocks fraglos geräumige Innengärten, die in so kleinem Maßstab nicht darzustellen sind. Zur Linken der Festungswerke hatte bereits seine vorstädtische Entwicklung eingesetzt: oben die Faubourg Notre Dame, die sich an einer Straße hinzog und ein Rechteck mit gut erkennbaren rechteckigen Gärten bildete, und darunter die Faubourg de Cambrai, eine kleinere, augenscheinlich über freies Feld verstreute Siedlung. Kurzum, ein vollkommenes Abbild einer mittelalterlichen Stadt, die in ein barockes Korsett gezwängt worden ist. Zwar beherrschen die neuen Befestigungsanlagen den Plan der Stadt nicht ebenso wie bei Vaubans Meisterwerk Neubreisach, aber die Zitadelle von Valenciennes ist auch von ihm entworfen worden. Das ganze System bildet eines der letzten klassischen Beispiele dieser umständlichen, aber bald erschöpften Kunst. Immerhin erwies sich

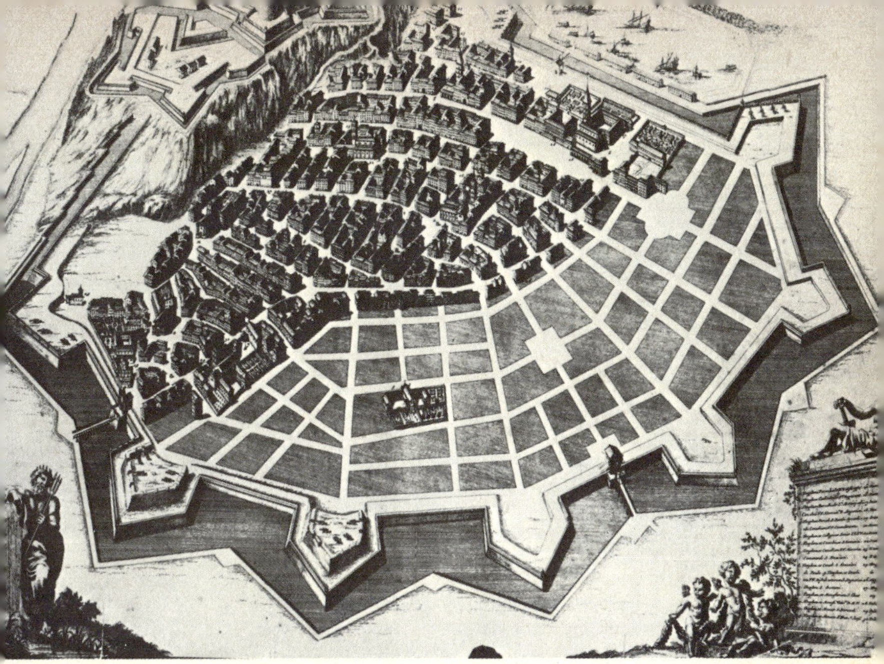

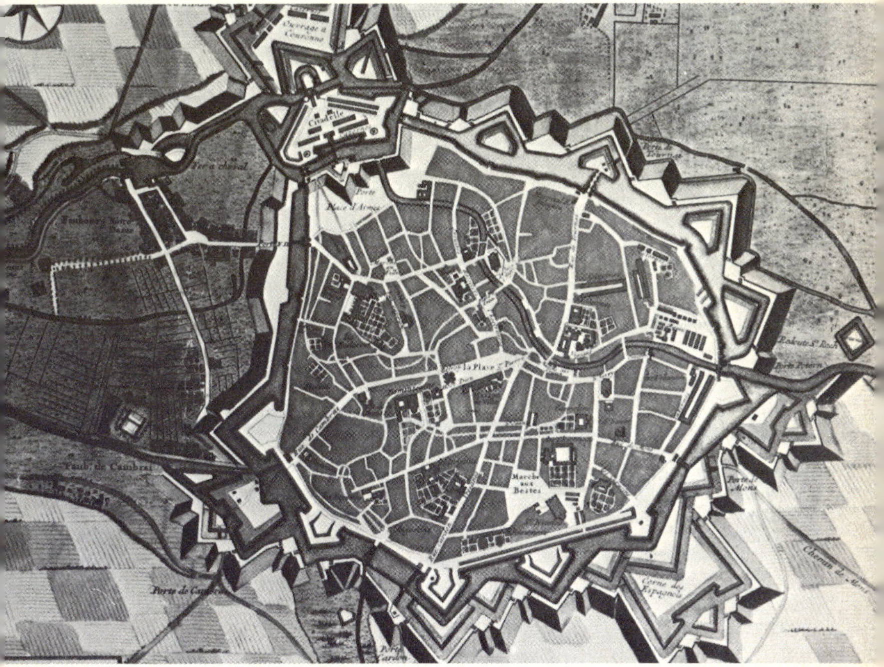
Ouvrage à Couronne
Citadelle
Fer à cheval
Porte
Place d'Armes
La Place St Pierre
Redoute St Roch
Porte Peteren
Faub. de Cambrai
Marché aux Bestes
Porte de Mons
Porte de Cambrai
Corne des Espagnols
Chemin de Mons

ihre militärische Brauchbarkeit in Valenciennes noch im Jahre 1793, als eine verbündete Streitmacht von 140 000 Soldaten mit 400 Kanonen die Festung 43 Tage lang beschießen mußte, ehe sich die schließlich noch 3000 Überlebende zählende Garnison ergab.

33 DAS URBANE DORF

Einige der schönsten Beispiele spätmittelalterlicher Planung und Bauweise findet man in Dörfern wie Chipping Camden und Burford in den Cotswold Hills, obwohl es ihresgleichen auch in vielen andern Teilen Englands gibt. Das hier gezeigte Chipping Camden ist das Musterbeispiel eines Straßendorfes, das sich in der Mitte zum Marktplatz erweitert. Die ebenfalls typischen langen, schmalen Grundstücke bewirkten, daß das Bebauungsgebiet durch Ableger erweitert wurde, was allmählich, da keine neuen Blocks erschlossen wurden, zu baulicher Überfüllung führte. Die Straßenansicht (oben) zeigt, daß Reihenhäuser, wenn sie nicht mechanisch aus dem Boden gestampft werden, nicht eintönig zu sein brauchen. Man beachte, daß es – z. B. bei der zweiten Fensterfront – genügt, das Fenster im Erdgeschoß über Augenhöhe anzubringen, um auch ohne Vorgarten im Innern ungestört zu sein. William Morris hielt das ebenfalls in den Cotswolds gelegene Bybury für das schönste Dorf in England. Es bietet Beispiele dafür, wie man Grundstücke planen und Häuser gruppieren soll, die für Architekten wie Ashbee, Voysey, Unwin und Parker ästhetische und soziale Maßstäbe gesetzt haben. Von diesen Dörfern konnten die Baumeister der Vorstädte des späten 19. Jahrhunderts viel lernen, als es darum ging, Urbanität mit Freiräumigkeit zu verbinden; sie ließen sich jedoch diese Lehre entgehen, konzentrierten sich auf malerische Einzelheiten wie Giebel, Erker und Balken und übersahen dabei allzu oft andere und wichtigere Faktoren.

Unten: Foto Aerofilms Ltd. London

34 DER HANDEL REGIERT

Überseehandel großen Stils setzte wieder ein, als Venedig und Genua in die Levante vordrangen, doch wurde er zu einem beherrschenden Faktor in der Entwicklung der Stadt erst im 17. Jahrhundert; so riesige Hafenstädte wie London, Liverpool, Hamburg, Rotterdam, Marseille und New York entstanden erst im 19. Jahrhundert. Der Geist des Wettbewerbs und die Doktrin des Laissez-faire, welche die Handelskreise seit dem 17. Jahrhundert beherrschten, verzögerten den Bau großer Anlagen nach einem angemessenen, zusammenhängenden Plan. Merkwürdigerweise entstanden die klassischen Beispiele eines gut geplanten Hafenbezirks mit Einrichtungen für den Schiffsbau, Reparaturen, Lagerhäuser, Verladen und Löschen in der frühesten Zeit. So wurde das Arsenal in Venedig (oben) 1104 gegründet, und bald darauf das Hafenviertel von Amsterdam. Der Bau der Hafenanlagen und der Mole in Dünkirchen (unten) erinnert an ähnliche Maßnahmen in vielen andern Häfen, die in dem großen Port of London gipfelten, dessen riesige Anlagen Hippolyte Taine zu einer glänzenden Schilderung in seiner »History of English Literature« begeisterten, die ich hier aus Raumgründen nicht ganz zitieren kann. Das Bedürfnis nach einer geschlossenen Planung und Entwicklung führte dann durch einen typischen Einfall politischer Genialität die Engländer zu einer neuen Form von Behörde, welche die Vorzüge eines Privatunternehmens mit öffentlicher Anleitung und Verantwortung verband: die 1908 geschaffene Port of London Authority. Diese Art von Körperschaft, die anderswo nachgeahmt worden ist, wurde zum Modell für die Behörden, welche die Förderung der British New Towns übernahmen, und legt die Möglichkeit nahe, regionale Planungsbehörden nach ähnlichen rechtlichen und administrativen Grundsätzen zu schaffen.

Oben: Das Arsenal in Venedig. Man beachte Mauer, Werftschuppen, Trockendock etc., das klassische Beispiel eines gut geplanten Industrieviertels.

Unten: Dünkirchen im 18. Jahrhundert mit neuer Mole, Hafenanlagen und Festung.

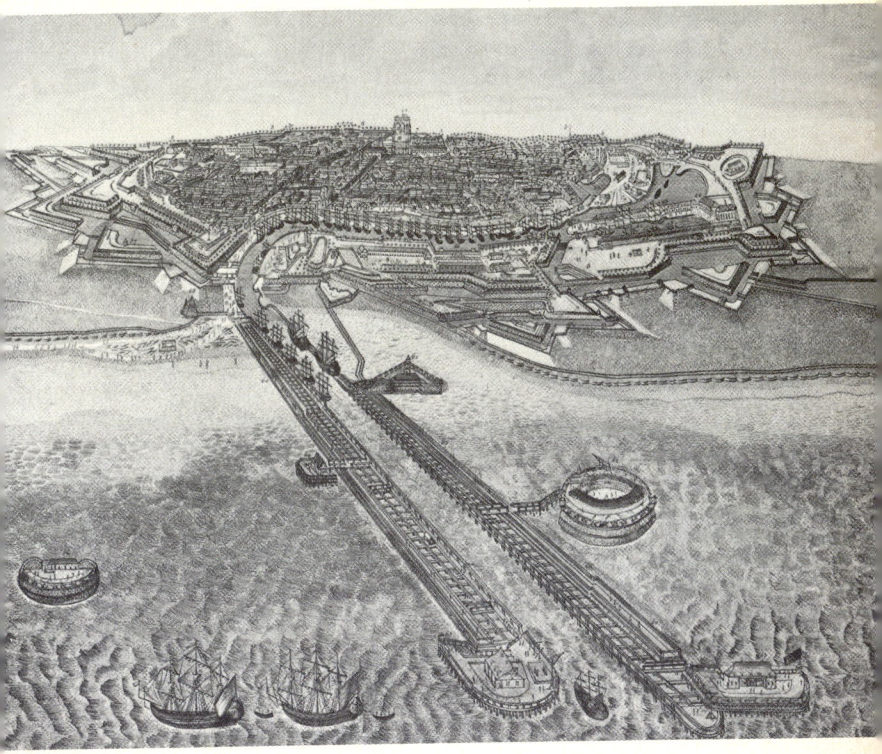

35 VERDIENEN UND AUSGEBEN

Den Innenhof der Royal Exchange (Königliche Börse) in London (oben) könnte man ein Handelskloster nennen, ist er doch ein weiteres Beispiel dafür, daß sich mittelalterliche Formen für höchst unmittelalterliche Zwecke erhielten. Der Bau von Börsen im 16. Jahrhundert kennzeichnete den Übergang von einer Warenwirtschaft, die durch Geld erleichtert wurde, zu einer Geldwirtschaft, bei der Waren nur eine zweitrangige Rolle spielen. Kühne Spekulation und rascher Umschlag wurden die Schlüssel zu großen Reichtümern. Als Wren seinen Plan für den Neubau der Londoner City nach dem großen Feuer von 1666 vorlegte, setzte er in den Mittelpunkt die Bank von England, nicht die St.-Pauls-Kathedrale; das war organische Planung im Sinne des jungen Kapitalismus. Das geräumige Innere (Mitte) diente als Vorbild für spätere Institutionen dieser Art; die großen Nationalbanken wurden gleichsam Mittelpunkte des kapitalistischen Kultus. Die Ladenparade (unten) verwandelte das Einkaufen in ein spannendes tägliches Ereignis, und die neuen breiten Fenster mit ihren großzügigen Auslagen hinter Glas förderten das »Schaufenstern«. Die Verbindung von Einkaufen und Fahrverkehr war dazu angetan, jede Avenue in eine Ladenstraße zu verwandeln. Diese langgestreckte Gestalt, deren schlimmstes Beispiel die Oxford Street in London ist, trug den Handel in alle Teile der Stadt, anstatt ihn auf Marktplätzen und in kurzen, engen Straßen zusammenzufassen. Damit kamen Verwirrung und Unfrieden in die Wohnviertel. Je länger die Straßen wurden, um so mehr wuchs der Wettbewerbsraum des Handels, ohne daß man auf Bedienung oder auch nur auf Gewinn Rücksicht nahm. Schließlich besteht das ganze Drama der Handelsstadt nur noch im Verdienen und Ausgeben. Von diesen beiden Zielen abgesehen, wurden alle kulturellen Funktionen der Stadt fortlaufend abgewertet.

36 ORGANISCHE PLANUNG: AMSTERDAM

Erstes Stadium (oben links): Die Stadt der Fischer und Seefahrer an der Mündung der Amstel; eine Anlage, die derjenigen von Zürich oder Genua nicht unähnlich ist. Die Uferbefestigungen und Brücken über die Amstel stellen sich bereits ein, Mauer und Kanal schützen die Stadt auf drei Seiten. Zweites Stadium (unten links): Weitere Nutzung der Kanäle für den Verkehr innerhalb der Stadt, Ausweitung der schmalen Häuserblocks parallel zum Hauptwasserweg, während die Hafenanlagen wachsen und die Windmühlen am Stadtrand vermehrt werden. Die Überfüllung läßt die Gärten in der Altstadt verschwinden, obwohl sie in den neuen Häuserblocks beibehalten werden. Drittes Stadium (oben rechts): Festlegung des zentralen Platzes (der Dam, an dem das Schloß liegt) zur Linken, zu dem neue Straßen ohne Rücksicht auf die ursprüngliche Anlage hinführen. Bau eines Arbeiterviertels (Jordaan) in kleinen Blocks mit engen Straßen, die wiederum einander nicht entsprechen, aber sich an die alten Feldraine halten. Dadurch wurde leider die symmetrische Vollendung des Plans in den ärmeren Vierteln verhindert. Viertes Stadium (unten rechts): Trotz anfänglicher Verwirrung und ungleichmäßiger Entwicklung schafft ein kühner Spinnennetzplan ein halbkreisförmiges Kanalnetz, wobei Wasserwege und von Bäumen umsäumte Straßen zum Hafen hin zusammenlaufen. Die Entstehung dieser geometrischen Gestalt aus dem dritten Stadium stellt eine Verschmelzung von organischem Wachstum und mechanischer Gestaltung dar, bei der beide einen höheren Grad der Vollkommenheit erreichen. Welcher Stadtplaner hätte dieses Ergebnis aus dem ersten Stadium ableiten können? Mit einem einheitlichen und doch verschiedenartigen Verkehrsnetz, mit Kanälen, welche die freie Lage bewahrten, mit hübschen Reihenhäusern und Gärten und mit fortlaufenden, von Bäumen eingefaßten Arkaden nahm Amsterdam es an Schönheit mit Versailles auf, ohne doch dafür praktische Verwendbarkeit preiszugeben. Wie die meisten historischen Städte ist jetzt auch dieses große städtische Kunstwerk vom motorisierten Verkehr verstopft und entstellt, der seine Anlagen in Parkplätze verwandelt und jeglichen Verkehr auf Fußgängertempo reduziert hat, ohne doch dem Fußgänger irgendwelche Annehmlichkeiten zurückzugeben. Die Ausweitung Amsterdams vom 19. Jahrhundert an sorgte nicht für eine Dezentralisierung von Geschäftsleben und Industrie in ebenso organische Nebenstädte. Daher rühren die meisten heutigen Schwierigkeiten Amsterdams, gibt es doch sogar schon im Fahrradverkehr Verstopfungen. Obwohl die Stadt wegen ihres umfassenden städtischen Wohnbaus nach 1920 mit Recht gelobt wird, weisen doch Planung und Bebauung der späteren Zeit allzu wenig von der Meisterschaft auf, mit der Amsterdam im 17. Jahrhundert geschaffen wurde.

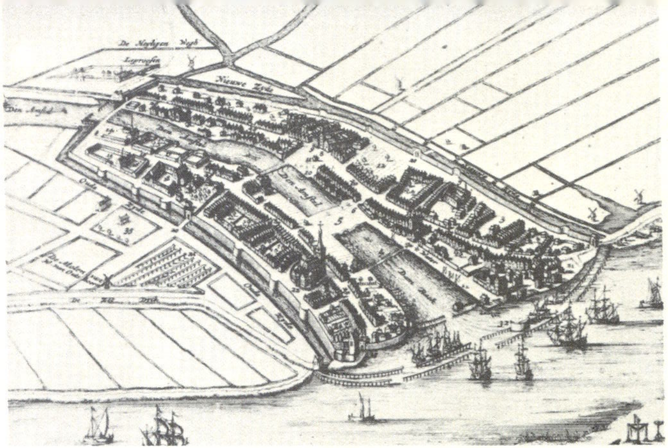

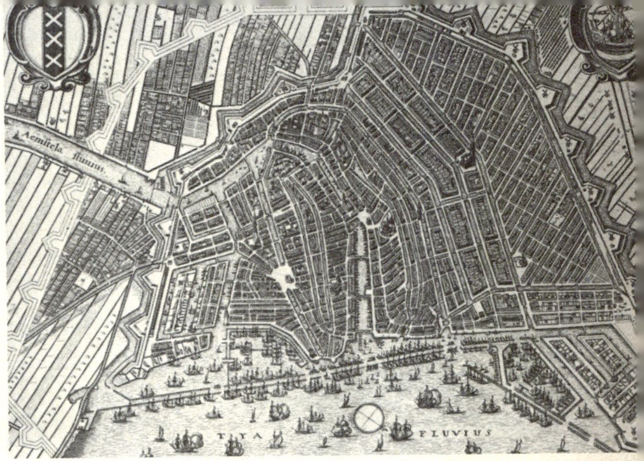
FLUVIUS

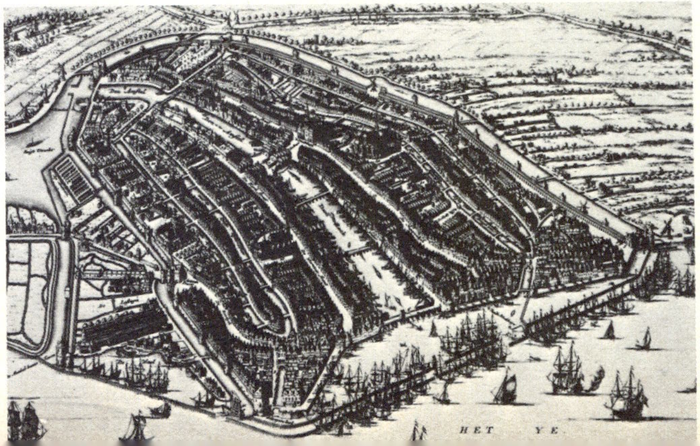
HET YE

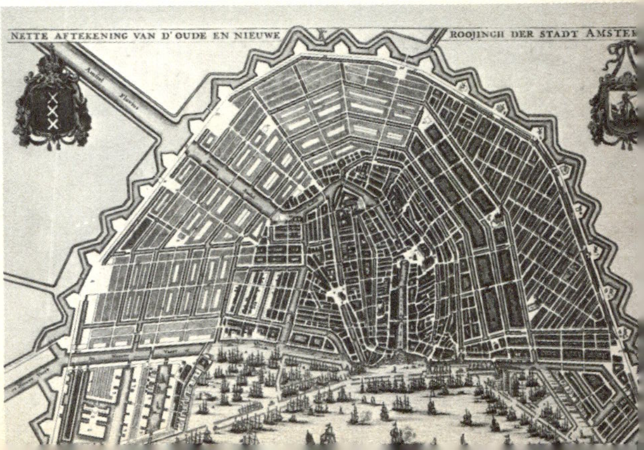
NETTE AFTEKENING VAN D'OUDE EN NIEUWE
ROOJINGH DER STADT AMSTER

37 DIE HERRLICHKEIT DER STADT BATH

Brunnen und Bäder sind als Erholungsorte niemals ganz in Vergessenheit geraten, doch begannen sie im 18. Jahrhundert ein neues Leben, als die Oberschicht dorthin strömte, vielleicht als notwendiger Ausgleich zu den winterlichen Ausschweifungen bei Essen und Trinken. Während der Pilger im Mittelalter um seines Seelenheils willen heilige Stätten aufsuchte, besuchte sein Gegenstück in der Barockzeit Bäder, weil er dort seines Leibes Gesundheit wiederherzustellen hoffte. Bäder, Purgiermittel und Heilwässer waren ein vortrefflicher Vorwand für eine geänderte Lebensweise. Hier gab es alle Freuden des Barocks: Glücksspiele, elegante Kleidung, Liebelei und Flirt, Bälle, Musik und manchmal auch Theater. Es war praktisch ein kleiner Hofstaat, über den ein selbstgewählter Fürst herrschte, ein Kenner von Kleidung und Manieren, ein Modetyrann – der Dandy, dessen historische Verkörperungen Beau Nash und Beau Brummel waren. Unbestritten die schönste dieser Städte ist Bath, das vor langer Zeit schon die Römer gegründet hatten. Von der scharfen Biegung des Flusses Avon abgesetzt, war die römische Stadt mit kleinen Blocks im Schachbrettmuster um die Badeanlage selber entstanden. Ganz in der Nähe war die mittelalterliche Abtei gebaut worden. Im 18. Jahrhundert ging »man«, dem Vorbild Karls II. folgend, zur Kur nach Bath. Das führte zu einer Reihe von einzelnen Verbesserungen in der Altstadt, was wiederum die benachbarten Grundbesitzer dazu veranlaßte, kühnere Pläne für den Bau von Wohnvierteln zu entwickeln. Drei große axiale Anlagen – Gay Street, The Circle und Royal Crescent – und der angrenzende Queen Square am Südende der Queen Street verkörpern en miniature auf überzeugendste Weise die neue Art der Planung. Noch heute, nach den Veränderungen von anderthalb Jahrhunderten, weist der Kern von Bath Vorzüge der Planung auf, welche selbst von den besten Beispielen in Paris, Nancy, London und Edinburgh nicht übertroffen werden. Die Vorzüglichkeit von Bath zeugt für die Vorzüge einer strengen Zucht, wenn diese biegsam genug ist, um sich den Erfordernissen der geographischen oder historischen Wirklichkeit anzupassen. Daß man Royal Crescent auf eine Anhöhe baute, welche das ganze Tal überblickt, aber von dem Park darunter geschützt wird, beweist, daß man nicht einfach nach einem geometrischen Plan vorging. Zwar erhebt sich nichts, was im weiteren Verlauf des 18. Jahrhunderts in Bath gebaut wurde, zu dieser Höhe der Planung, doch blieben alle späteren Bauten bis ans Ende der Regentschaft nicht allzu weit dahinter zurück. Nicht weniger beachtlich als die Erhaltung der parkartigen Umgebung war die großzügige Zuteilung von Hinterhaus-Gärten, die man durch Gittertore betrachten kann, die geräumig und reich angelegt sind, wie es der Plan von 1786 zeigt, und häufig noch heute hübsch gehalten werden. Das ist ein großartiges Beispiel offener Planung in Verbindung mit einer engen städtischen Beziehung der Gebäude, die als Bestandteile einer fortlaufenden Komposition behandelt werden. Kurzum, die Stadtplanung war in Bath im 18. Jahr-

hundert ebenso anregend und heilsam wie die Brunnen, und das damals investierte Geld hat an Leben, Gesundheit und sogar Zinsen höhere Erträge gebracht als ähnliche Summen, die in schmutzigeren Stadtvierteln angelegt wurden. Die Maßstäbe von Bath haben jedoch die barocke Lebensform nicht überlebt. Schließlich verdrängten allzu schlaue Geschäftsleute die Grundbesitzer, deren Gemeinsinn und Kunstverständnis die noble Planung von Bloomsbury, Edinburghs Neustadt und Bath ermöglicht hatten.

Oben: Bath im Verhältnis zur Landschaft. Die schöne Aussicht auf die Berge vom Royal Crescent vorn wird jetzt von den Bäumen im Vordergrund verdeckt, war jedoch ursprünglich der Anlaß für die halbrunde Anlage.
Unten: Die nähere Ansicht von Bath zeigt die geräumigen Gärten sowohl hinter Royal Crescent als auch hinter The Circle und ferner die Parkanlagen, welche die Stadtstraßen einrahmen und verschönern. Foto Aerofilms Ltd. London.

38 UNTER EINEM DACH

Wie das »Von Tür zu Tür« und die »Grüne Welle« Ideal und unabdingbare Forderung der heutigen Motorwelt sind, was immer dadurch der Landschaft und der Stadt widerfahren mag, so war »unter einem Dach« das ideale Ziel des frühtechnischen Planers im 19. Jahrhundert. Stahl und Glas übten auf »fortschrittliche« Geister jenes Jahrhunderts eine hypnotische Wirkung aus und üben sie noch heute auf deren Nachfolger. Die ideale Gestalt rührte vom Treibhaus her und wurde dort zunächst von Joseph Paxton sinnvoll verwendet, der dann den märchenhaften Crystal Palace entwarf (rechts oben), wo die Weltausstellung 1851 abgehalten wurde. Die verglasten Arkaden, ähnlich der berühmten Versammlungshalle in Mailand (links), führten zum Bau der ersten Warenhäuser, wo noch mehr Waren unter einem Dach untergebracht wurden, zuerst mit einem verglasten Oberlicht im Mittelhof. In Les Halles in Paris (rechts unten) wurde die Treibhausform wieder sinnvoll angewendet – im Gegensatz zu den gleichzeitigen verglasten Eisenbahnschuppen, die leider den beißenden Lokomotivrauch festhielten und sammelten. Das Verlangen, solche Hallen allumfassend zu machen, entspringt in den meisten Fällen eher einem unwiderstehlichen technischen Reiz als irgendeinem besonderen gemeinnützigen oder menschlichen Motiv. Neuere Vorschläge, eine ganze Stadt unter eine Kuppel aus Glas oder Plastik zu bringen, würden alle reizvollen Anregungen beseitigen, die sich aus dem Wechsel der Witterung, dem Übergang von drinnen und draußen, von Dunkel zu Helligkeit ergeben, und nicht zuletzt die Vielfalt architektonischen Ausdrucks vereiteln, die aus der Stadt eine so lebendige Umwelt macht. »Alles unter einem Dach« wird sich vielleicht nur als Modell der letzten Gestalt der Anti-Stadt erweisen: »Alles in einem unterirdischen Schutzraum«. Das wäre Umwelt-

beherrschung aus dem Effeff – einem biologischen und psychologischen Effeff! Die letzte Verwandlung dieser tapferen neuen Welt in ein sterilisiertes, überdimensionales »1984« betrachte man auf Abbildung 64.

Oben rechts: Foto Ewing Galloway.

39 DIE FABRIKSTADT

Als Schinkel Manchester besuchte, begrüßte er die starre Architektur seiner großen Ziegelfabriken als primitive Form einer neuen Bauweise. Diese Erkenntnis wurde nicht nur von vielen Werkhallen und Fabriken bestätigt, sondern auch durch die Übertragung der gleichen Grundsätze von Schönheit und Zweckmäßigkeit auf die großen Stahlskelett-Wolkenkratzer in Chikago, die Primitiven der achtziger Jahre – und danach auf ihre Wiederentdeckung und Erneuerung durch Loos, Gropius und Le Corbusier ein Menschenalter später. Die Baumwollfabriken (oben) mit dem Gasometer zur Rechten zeigen die neuen vorherrschenden Züge der Industriestadt. Die nahegelegenen Arbeiterwohnungen stellen das neue Mindestmaß an Ordnung und Hygiene dar, das sich allmählich in der zweiten Hälfte des 19. Jahrhunderts durchsetzte. Ebenso die Übervölkerung mit ihrer kostspieligen Vermehrung gepflasterter Straßen und Alleen. Da die Photographie so deutlich ist und nichts von dem üblichen Rauch und Schmutz erkennen läßt, wurde sie wahrscheinlich während der Arbeitsruhe aufgenommen. Das ist noch weit entfernt von den schlimmsten Beispielen für die Mißachtung des Lebens in den Anfängen des technischen Zeitalters; man betrachte nur einmal Abb. 41 oben: des Unternehmers Lieblingsbild. Die amerikanische Stahlstadt (unten) zeigt typisch, wie das Flußufer durch Eisenbahn und große Stahlwerke beschlagnahmt wird, und ferner die Verschmutzung der Luft durch Rauch und Ausdünstungen. Bei der Planung der ersten Industriestädte übte niemand auch nur die geringste Sorgfalt bei der Standortwahl schädlicher Industrien, im Hinblick auf vorherrschende Winde, auf ihre Isolierung von Wohnvierteln und auf eine Abfallbeseitigung, die jede Verunstaltung der Landschaft oder Verschmutzung der Flüsse verhinderte. (Bessere Entwürfe aus späterer Zeit zeigen die Abb. 53 und 48 rechts unten.) Trotz dieser ernsten Mängel sorgte der Umstand, daß sich die Stahlstädte auf die häufig schmalen Talsohlen am Monongahela und Allegheny beschränkten, dafür, daß die Berge blieben; dadurch schufen sie natürliche Erholungsmöglichkeiten mit Angeln und Jagen, welche größere Städte wie Pittsburgh und Cleveland eben durch ihre Ausdehnung beseitigten und zerstörten.

Foto Ewing Galloway.

40 DIE HÖLLE DER TECHNISCHEN FRÜHZEIT

Nur Frontkämpfer haben vielleicht ähnliches erlebt wie die Wirklichkeit einer Industriestadt im 19. Jahrhundert, ehe die Umwandlung begann, welche die Gewerkschaften, die Genossenschaftsbewegung, öffentliche sanitäre Vorschriften und Einrichtungen sowie die Sozialgesetzgebung herbeigeführt haben. Das politische und religiöse Leben dieser Städte spielte sich in häßlichen Ziegelkirchen, unfreundlichen Maschinenhallen und noch schmutzigeren Gewerkschaftsbüros ab, die sich bis gegen Ende des 19. Jahrhunderts kaum durch irgendwelche baulichen Reize als solche zu erkennen gaben. Belebend wirkten nur innenpolitische Kämpfe und die noch gewaltsamere Dramatik von Aussperrungen und Streiks. Die Versammlung der streikenden Gasarbeitergewerkschaft in den achtziger Jahren ist typischer Ausdruck jener Zeit. Solche Angst hatten die Arbeitgeber vor einem Aufstand der von ihnen ausgebeuteten Arbeiterschaft, daß in den englischen Industriestädten planmäßig Armeekasernen gebaut wurden: eine Besatzungsarmee. Auf ähnliche Weise wurden in den Vereinigten Staaten von den siebziger bis neunziger Jahren Waffenlager der Miliz in festungsartigen Gebäuden angelegt. In dieser Umwelt fehlte Schönheit ebensosehr wie Schönheitssinn; diese Unempfindlichkeit war vielleicht eine Art Selbstschutz. William Morris hatte eine teuflische Eingebung, als er im August 1874 an Mrs. George Howard schrieb: »Ich neide dem modernen Geist auch nicht das Triumphgefühl darüber, daß er die Welt (oder doch ein Eckchen) stiller und weniger gewalttätig gemacht habe, aber ich meine, daß diese Blindheit für das Schöne eines Tages Vergeltung heraufbeschwören könnte – wer weiß? Vor Jahren war der Menschen Sinn erfüllt von Kunst und den würdigen Darbietungen des Lebens, und damals hatten sie wenig Zeit für Gerechtigkeit und Frieden. Das rächte sich an ihnen nicht durch wachsende Gewalttätigkeit, die sie nicht kümmerte, sondern durch die Zerstörung der Kunst, die sie schätzten. So bereiten die Götter vielleicht wieder Unruhe und Schrecken vor für die Welt (wiederum für unser Eckchen), so daß sie insgesamt schön und dramatisch werden möge.«

Oben: Streikversammlung im Freien.
Unten: Elendsviertel und Markthalle in London. Zwei Darstellungen der Hölle in der Frühzeit der Technik, die Gustav Dorés beste Gaben auf den Plan rief. Alle Bilder aus den *Illustrated London News.*

SOCIETY
GAS WORKERS

THOMSON

41 MUSTERHAFTES INDUSTRIEDORF

Weder Gemeindeverwaltungen noch Führer der Industrie fühlten sich imstande, mit der Industriestadt als ganzem fertigzuwerden; daher griffen philanthropische Unternehmer auf den einfacheren Rahmen des Dorfes zurück. Einige der ersten Werkssiedlungen in Lowell (Massachusetts) und in Manchester (New Hampshire) setzten in diesen Industriezweigen (Wasserkraft) der technischen Frühzeit Maßstäbe für Menschlichkeit und architektonische Ordnung, die in größeren Städten nur selten erreicht wurden. Der erste Anführer der Siedlungsbewegung war Robert Owen, dessen Erfolg als Fabrikant jedoch leider durch seine sozialen Experimente nicht bestätigt wurde. In Frankreich ließ Fourier, der dank seiner wirtschaftlichen Macht einen ungeheuren Einfluß hatte, wenigstens ein Phalansterium durch den Eisenwerkbesitzer Godin in Guise bauen – in bescheideneren Ausmaßen ein Vorläufer von Le Corbusiers Gesamthaus, eine Art »Luftdorf« mit allen Nachteilen eines kleinen Gemeinwesens und nur wenigen Vorzügen eines solchen. Daß Verbesserungen dringend nötig waren, beweist das oberste Bild, sind doch die Häuser im Vordergrund Rücken an Rücken gebaut, so daß der Hälfte des Hauses Licht, frische Luft und Aussicht fehlen. Ich verschweige den Namen der Stadt, weil man ähnlich unwürdige Wohnungen (und Kellerunterkünfte) in vielen andern Industrierevieren antreffen kann. Mit praktischen Maßnahmen für bessere Planung und Unterbringung ging Sir Titus Salt voran, der 1851 Saltaire bei Bradford gründete. Vielleicht fällt es dem Leser nicht leicht, die hier in der oberen linken Ecke (Mitte) gezeigte Mustersiedlung von derjenigen auf Abb. 39 zu unterscheiden. Man beachte jedoch den Park und die Sportplätze rechts am Ufer des Kanals und des Flusses Aire. Diese gab es von Anfang an und gibt es heute noch, obwohl im Hinblick auf spätere Bestrebungen dieses Gelände nicht so gänzlich von dem Wohnbezirk hätte getrennt werden sollen; ein Teil der Fläche hätte dazu dienen können, größere Hausgärten zu schaffen. Saltaire zeichnete sich nicht nur durch seine Häuser mit drei Schlafzimmern aus, sondern auch durch seine Badehäuser, Waschhäuser und sogar Altersheime. Salts Initiative fand Nachahmung durch andere weitblickende Fabrikanten in Bournville, Port Sunlight, Earswick, Essen, Pullman und an vielen andern Orten. Die drei Erstgenannten verbesserten die Anlage der Wohnsiedlungen gegenüber Saltaire erheblich und hatten damit auf spätere Arbeitersiedlungen heilsamen Einfluß. Port Sunlight bei Birkenhead (nahe Liverpool) verrät trotz seiner dörflichen Ausmaße mit beinahe komischer Exaktheit durch die barocke Zufahrt zum Dorfmittelpunkt den Einfluß des fürstlichen Absolutismus selbst im Gewand des Industriezeitalters. Man beachte jedoch, wie großzügig der Innenraum der Wohnblocks bemessen ist, den man in Schrebergärten aufgeteilt hat, wofür allerdings leider die Privatgärten als Wohnraum im Freien geopfert worden sind.

Oben: Englische Industriestadt. Foto Aerofilms Ltd.
Mitte: Fabrik und Wohnsiedlung in Saltaire. Foto Aerofilms Ltd.
Unten: Port Sunlight. Foto Unilever Ltd.

42 GRÜNE LANDSTÄDTE

Eine Nahansicht des schon in Abb. 33 gezeigten Chipping Camden (oben) läßt die gleiche Verbindung von freien Flächen, Gärten und Parklandschaft erkennen, die man später vorstädtisch genannt hat, die aber besser »offener Plan« heißen sollte. Was die Romantiker die Rückkehr zur Natur nannten, war in Wirklichkeit häufig nur die Rückkehr zur Landstadt. Die britische Oberschicht, deren Landhäuser in der Nähe solcher Dörfer und deren Stadthäuser in der Nähe des St. James' Park oder des Green Park lagen, genossen die Vorzüge beider Welten, was vielleicht teilweise ihre Erfolge in Landwirtschaft und Regierung erklärt. Great Malvern (unten) verrät den schmerzlosen Übergang von der Landstadt, die zunächst um ein Benediktinerkloster entstanden war (dessen Kirche nahe dem Zentrum deutlich sichtbar ist), zum Kurort des späten 18. Jahrhunderts, der sich auf das damals so beliebte Brunnentrinken spezialisierte. Die im Stil der »viktorianischen Gotik« zwischen 1840 und 1900 gebauten Villen standen frei in Gärten, die so weiträumig waren wie in irgendeiner heutigen Vorstadt, und verstärkten vielleicht noch die wachsende Neigung zu solcher Lebensweise. Dieselben Beweggründe hatten Auswirkungen auf den Entwurf von »Musterdörfern«, wie die vorige Abbildung gezeigt hat. Landstadt und Kurort setzten aber hinsichtlich Wasser, Sonnenschein, Gärten und Grünanlagen einen Maßstab, der sich auf die Dauer nicht auf die Oberschicht oder auf ländliche Gegenden beschränken ließ. Nach diesem Maßstab konnte man die hygienischen und ästhetischen Sünden der Industriestädte und Handelszentren beurteilen. Schon 1685, als William Penn Philadelphia plante, diente dieses ländliche Vorbild als Modell, erklärte er doch ausdrücklich, die neue Stadt solle »eine grüne Landstadt« sein.

Foto Aerofilms Ltd.

43 DIE VORSTADT MARSCHIERT

Bronxville (oben) liefert das klassische Bild der vorstädtischen Entwicklung in den letzten fünfzig Jahren. Es begann als »Grüngürtel-Vorstadt« mit einem hübschen Ladenbezirk, der bequem an der Bahnstation (Mitte) lag, ganz im Gegensatz zu den isolierten, übermäßig ausgedehnten Ladenbezirken, die gut ein Menschenalter später kommen sollten. Die ursprünglichen Einfamilienhäuser, die, zwischen Bäumen versteckt, entfernt von den baumbestandenen Straßen liegen, stellen das romantische Ideal in Reinkultur dar; ein Teil des natürlichen Grüngürtels ist an den Ortsrändern noch zu erkennen. Der Ort wies jedoch etwas Neues auf, das seine Vorzüge noch steigerte: der grüne Streifen, der sich vom unteren Bildrand unter Eisenbahn und Autostraße hindurch nach oben windet, ist der Bronx River Parkway, der erste seiner Art, der ursprünglich dazu dienen sollte, die bis dahin ungepflegten und stellenweise unansehnlichen Ufer des Bronx zu verschönen. Ein hübscher Parkstreifen, der für Spaziergänge und Picknicks geplant wurde und nur eine sehr bescheidene Autostraße am Rande aufweist. Zusammenhang von Raum und Bewegung und die Isolierung von Gebäuden und Querverkehr ließen ihn zum Vorbild für spätere Boulevards und Schnellstraßen werden. Manche davon sind so schön wie der nahegelegene Taconic Parkway, ein Meisterwerk an Straßen- und Landschaftsplanung, der so angelegt wurde, daß er den Höhenzügen folgte und die bewohnten Niederungen vermied. Die ländlichen Reize der Vorstadt verstärkten die Nachfrage nach weiteren Wohnungen. Die Bodenpreise stiegen, so daß klobige, städtische Etagenhäuser gebaut wurden. Ohne öffentliche Aufsicht und ohne Regionalplanung in einem Ausmaß, das die Kraft der Ortsgemeinden weit überschreiten würde, wird dieses Gebiet nach einem Menschenalter von andern dichtbevölkerten Teilen des großstädtischen Bereichs kaum mehr zu unterscheiden sein. Paradoxerweise lassen sich das ländliche Landschaftsbild, der Boulevard für Fußgänger und die Hausgärten nur retten, wenn aus der unsymmetrischen, soziologisch unterteilten Vorstadt ein ausgeglichenes städtisches Gemeinwesen wird, dessen Bevölkerung zu einem nicht geringen Teil in der Nachbarschaft arbeitet. Wo der Bevölkerungsdruck anhaltend hoch ist, kann man ihm am besten dadurch begegnen, daß man Stadt und Vorstadt reorganisiert und organische Nachbarschaften als Einheiten schafft, die wie Chatham Village bei Pittsburgh (unten) Geschlossenheit und städtischen Charakter mit freiem Raum um Häuser und öffentlichen Anlagen verbinden. Da Chatham Village einen Glanzpunkt der Stadtplanung und architektonischen Gestaltung in der letzten Generation darstellt, bleibt unerklärlich, warum man dieses Beispiel nicht wenigstens in der dortigen Gegend nachgeahmt hat, zumal da es von Anfang an ein uneingeschränkter finanzieller Erfolg war und eine lange Warteliste von künftigen Mietern besitzt.

Oben: Bronxville N. Y. Foto Fairchild Aerial Surveys Inc. New York.
Unten: Chatham Village, Pittsburgh. Foto Clarence S. Stein.

44 BLOOMSBURY UND HAMPSTEAD GARDEN

Bloomsbury (oben) war einer der Höhepunkte englischer Planung und Baukunst. Sein Einfluß war so stark, daß im 19. Jahrhundert selbst ein Bauunternehmer wie Thomas Cubitt dem Beispiel der Großgrundbesitzer folgte. Die hier abgebildete Reihe von Plätzen mit Russell Square in der Mitte zeigt abermals, wie gut geplante freie Plätze der Unordnung und Häßlichkeit entgegenwirken. Der Universitätsbezirk mit dem Britischen Museum als Brennpunkt im Vordergrund zieht aus dieser Anordnung großen Nutzen und fördert sie noch. Der für sich stehende Turm der University of London beherrscht mit Recht das Gebiet, obwohl die übermäßige Höhe von Türmen und Gebäuden, die jetzt allenthalten in London üblich ist, schließlich die Geräumigkeit solcher Viertel aufheben wird, weil dadurch zuviele Menschen auf die Plätze und zuviel Verkehr auf die Straßen gebracht werden. Die Hampstead Garden Suburb (unten) war der Höhepunkt eines Jahrhunderts offener Planung. Hier schufen Unwin und Parker einen viel geschlosseneren Plan, der gleichwohl eine Vielfalt architektonischer Möglichkeiten in geräumigen Privatgärten sowie reichlich öffentliche Plätze in Gestalt von Sportfeldern und Gehölzen zuließ. Offenbar hatten sie aus den Fehlern, die man beim Entwurf von Letchworth Garden City gemacht hatte, gelernt. Hampstead Garden City führte die Neuerungen weiter, die Olmsted in Riverside (Illinois) und Roland Park (Maryland) geschaffen hatte: den Superblock, die stille Sackgasse und auch die Streifenanlagen und Rasenflächen innerhalb der Blocks. Sie bahnte auch den Weg für weitere Neuerungen, die Ernst May in Frankfurt, zumal in der Römerstadt, und Wright und Stein in den Vereinigten Staaten schufen. Weil sie übermäßig breite Straßen und Vorgärten vermeidet, ist sie an Geschlossenheit und Urbanität vielen der fünfzig Jahre später gebauten New Towns überlegen. Beim Entwurf von Wythenshawe in der Nähe von Manchester schuf Barry Parker eine weitere Neuerung mit dem Boulevard, der die Nachbarschaften voneinander trennt, aber dort, wo sie zusammenstoßen, trotzdem den Bau kleiner Ladenviertel begünstigt.

Oben: Foto Aero Pictorial Ltd. London.
Unten: Foto Huntingdon Aerosurveys Ltd. London.

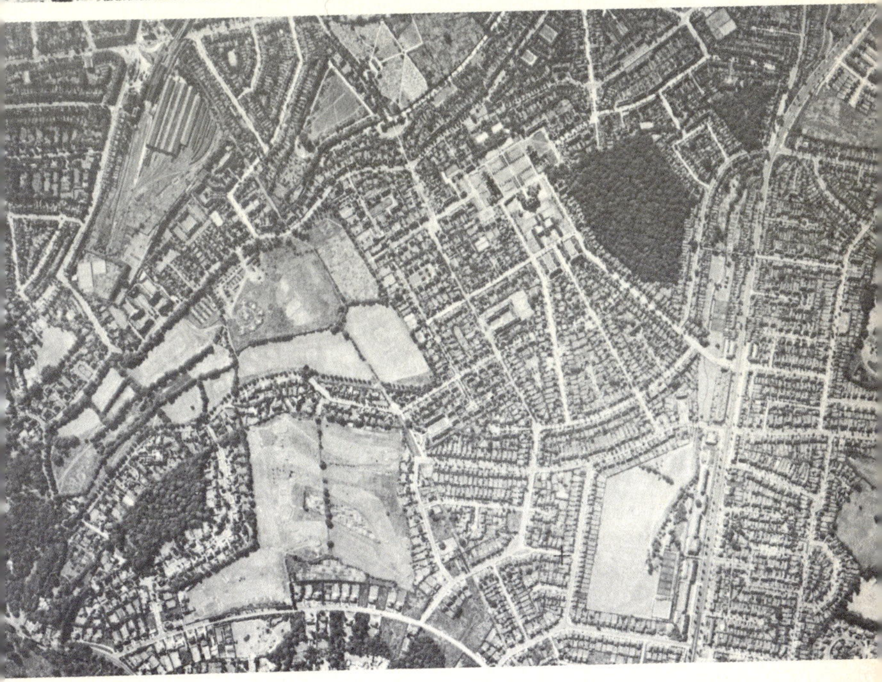

45 VERSPÄTETES BAROCK: WASHINGTON

Den großartigen Schwung des Plans von Washington erkennt man am besten aus der Luft, weil dann die barbarische Art verborgen bleibt, auf die man L'Enfants Plan zuerst durch häßliche Gebäude und neuerdings dadurch verunstaltet hat, daß man Schnellstraßen mitten in die Stadt hineinführt. Das sind nur zwei von vielen Fehlern, die den noblen Plan verdorben haben. Man hat unterlassen, beiderseits der Pennsylvania Avenue genügend Büroraum für die wachsende Bürokratie bereitzustellen, hat unterlassen, die Höhe von Geschäftshäusern zu begrenzen, hat unterlassen, Bahnhof und Bahnanlagen am Rande des Stadtzentrums zu halten, und mit alledem bewiesen, wie wenig Gemeinsinn oder wirtschaftliches Verständnis diejenigen besaßen, die L'Enfants Plan ausgeführt haben. Die Macmillan-Kommission hat zwar begonnen, seine Konzeption durch Instandsetzung der Mall, durch den Bau des Lincoln Memorial und durch die vorbildlichen Parkanlagen am Potomac wiederherzustellen, hatte aber leider nicht mit dem Fluch des Automobils gerechnet. Als man 1959 für das Roosevelt Memorial einen Standort suchte, der frei gelegen und zu Fuß erreichbar sein sollte, ohne daß man dabei sein Leben riskierte, und wo außerdem Auge und Ohr vom Autoverkehr unbelästigt wären, fand man solchen Ort nicht mehr.

Oben: Die Mall mit dem Washington Monument und dem Lincoln Memorial am Ende der Achse.

Unten: Das Herz Washingtons mit dem Kapitol in der Mitte, der Union Station rechts und dem Weißen Haus jenseits des Dreiecks zur Rechten des Washington Monument. Foto Fairchild Aerial Surveys Inc. New York.

46 NORMIERTES CHAOS

Die technische und architektonische Entwicklung des Wolkenkratzers fand zwar hauptsächlich in Chikago nach 1880 statt, doch wurden die Vorteile einer Übervölkerung noch konsequenter in New York ausgenutzt, und zwar sowohl durch hohe Wohnhäuser wie auch durch Geschäftshäuser. Die Verkehrsadern der Stadt wurden 1811 für eine Bevölkerung geplant, die größtenteils in zwei- oder dreistöckigen Häusern wie links im Bilde wohnte. Der Bau von zehn- bis vierzigstöckigen Wolkenkratzern errichtete drei bis zwölf Städte übereinander auf demselben Gebiet, so daß die Straßen selbst dann hoffnungslos verstopft worden wären, wenn sich der Fahrverkehr seit der Zeit vor dem Automobil nicht vergrößert hätte. Das höchste Bauwerk (tief beschattet am unteren Rand der oberen Abbildung) ist das RCA-Gebäude, die beherrschende Erscheinung des Rockefeller Center, dessen winzige Plaza mit der eingelassenen Rollschuhbahn einer der wenigen Orte in Manhattan ist, wo man sich zwanglos treffen und verweilen kann, etwa wie auf der Spanischen Treppe in Rom. Daß Mellon Square in Pittsburgh etwa ebenso beliebt geworden ist, beweist nur, wie sehr die Einsame Masse nach solcher Geselligkeit verlangt. Olmsteds großartiger Central Park (Bildmitte) mit seinen vielfältigen voneinander unabhängigen Wegnetzen ist eine Verbesserung von Leonardo da Vincis frühzeitigem Vorschlag für Mailand und war dem Radburn Plan, ganz zu schweigen von Le Corbusier, um ein Jahrhundert voraus. Die Elendsviertel in New York im 19. Jahrhundert konnten es, was Überfüllung, schlechte sanitäre Anlagen und hohe Mieten angeht, mit den übelsten Stadtvierteln von Berlin, Bombay, Glasgow, Genua und Neapel aufnehmen. Diese ekelhaften Quartiere werden jetzt durch ordentlichere Wohnbezirke mit Licht, Luft und besseren sanitären Anlagen ersetzt. Stuyvesant Town (Vordergrund des unteren Bildes) wurde von einer privaten Versicherungsgesellschaft mit großzügigen Staatsbeihilfen gebaut, doch bleibt es hinsichtlich seiner Volksdichte von 982 Menschen pro Hektar ein Elendsviertel. Trotz der freien Plätze im Innern benötigte diese Siedlung weitere 32 Hektar, um soviel Anlagen und Spielplätze zu schaffen, wie man heute für wünschenswert hält – fast acht Hektar mehr als das ganze Projekt ohne Gebäude einnimmt. Diesen Umstand übersehen jene mit Bedacht, die den sichtbaren freien Raum, wie ihn hochragende Gebäude schaffen, mit verwendbarem, nützlichem freien Raum verwechseln, der im Verhältnis zur Bewohnerzahl pro Hektar steht. Daß solche gewaltigen Enklaven der Übervölkerung allenthalben in der Stadt errichtet werden – manchmal als Privatunternehmen, manchmal als Unternehmen der öffentlichen Hand, aber stets mit staatlichen Beihilfen aufgrund von Gesetzen über »Stadterneuerung« –, läßt sich nicht als Beitrag zu einem sinnvollen und wertvollen Leben der Gesellschaft oder als erstrebenswerter Rahmen menschlichen Zusammenwirkens betrachten. Eine Stadt, auf solcher Grundlage gebaut, wäre ein Alptraum. Foto Ewing Galloway.

47 STÄDTISCHE VERÖDUNG

Das beliebteste und wirksamste Mittel, um eine Stadt zu zerstören, besteht heute darin, daß man Schnellstraßen mit zahlreichen Fahrbahnen, zumal Hochstraßen, in den Stadtkern hineinführt. Dazu kam es unmittelbar, nachdem man angefangen hatte, Hochbahnen für die Personenbeförderung abzubrechen, weil sie störten. Los Angeles ist zwar das riesigste Beispiel dafür, wie man durch zügellosen Bau von Schnellstraßen eine Stadt in großem Stile zerstört, doch stellt Boston vielleicht ein noch bedauernswerteres Opfer dar, weil es mehr zu verlieren hatte; denn Boston besitzt einen wertvollen historischen Stadtkern, wo man alles zu Fuß erreichen kann, und eine Regelung des Durchgangsverkehrs, die schon in den neunziger Jahren ein Musterbeispiel an wirkungsvoller Vereinheitlichung war. Ähnlich wie bei den heutigen militärischen Plänen für eine Vernichtung durch Kernwaffen, versuchen auch Bostons Stadtplaner ihre anfänglichen Fehler dadurch zu verdecken, daß sie diese in größerem Maßstab wiederholen. Das Endergebnis wird ähnlich aussehen wie in Greenboro in North Carolina (unten), das den Spitznamen »Parkplatzstadt« zu unrecht trägt; denn jetzt werden alle Städte, auch Amsterdam und Paris, zu Parkplatzstädten, in denen alle freien Flächen für Autos bestimmt werden und keine mehr übrigbleiben für sonstige städtische Aufgaben. So haben die Bomben, die Londons City im Kriege zerstörten (Mitte), nicht mehr Schaden angerichtet, als heute die schrankenlose Planung von Schnellstraßen und Parkplätzen täglich anrichten; dabei kommt dem noch ein allgemeines Straßenbauprogramm zu Hilfe, das ebenfalls auf der Vorstellung des ausschließlichen Verkehrs »von Tür zu Tür« beruht. Eine einzelne untergeordnete Funktion der Stadt ist zu ihrem einzigen Daseinsgrund erhoben worden – oder vielmehr zum triumphalen Beweis ihres Nichtdaseins. Bei den Autostraßen wie bei den Wolkenkratzern finden wir, daß vorzügliche technische Begabung für maschinelle Organisation und praktische Entwürfe sich mit lähmender sozialer Unfähigkeit und kulturellem Analphabetentum paart.

Oben: Hochstraße mit vielen Fahrbahnen in Boston, die durch eingebaute Engpässe mit dem Straßennetz verbunden ist. Foto Ewing Galloway.

Mitte: Von Bomben zerstörtes Gebiet um die St.-Pauls-Kathedrale in London. Foto Britisches Informationsministerium.

Unten: Greenboro N. C. Foto Ewing Galloway.

COATS-PANTS

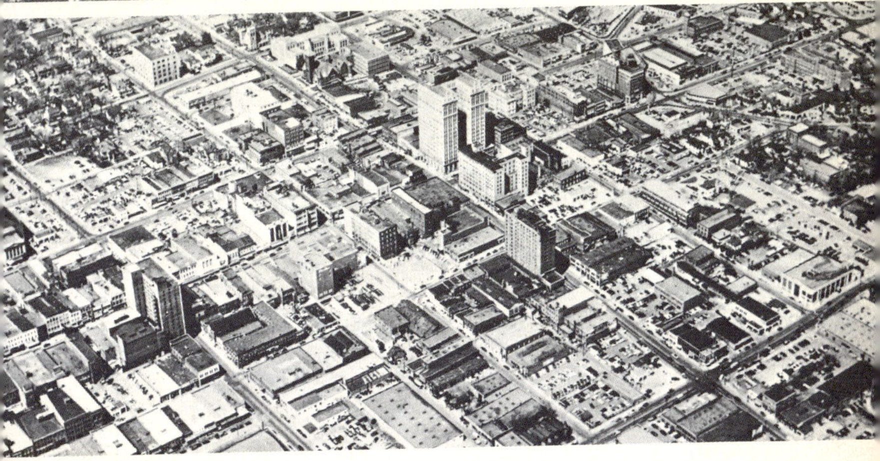

48 DIE RAUMFRESSER

Die wesentlichen Möglichkeiten und Aufgaben der Stadt – Zusammenarbeit, Mitteilung und Gemeinschaft, Versammlung, Mischung und Mobilmachung – verlangen ein Gefäß, in welchem eine Vielfalt von Tätigkeiten gleichzeitig stattfinden kann. Damit ein solches Gefäß mit dem Raum sparsam genug umgehe, bedarf es eines vielgestaltigen Verkehrsnetzes. Ist nur ein Transportmittel vorhanden, so muß die Tätigkeit selber aus der Stadt verdrängt werden, selbst bei so gelegentlichen Menschenansammlungen, wie wir sie in der Pasadena Rose Bowl sehen (oben links). Die Vorstellung, daß kein Amerikaner bereit sei, auch nur einen halben Kilometer zu Fuß zu gehen, wird auf ironische Weise durch die weiten Strecken widerlegt, die er in Wirklichkeit in Warenhäusern und auf Parkplätzen zurücklegt. Es bedarf keiner Erwähnung, daß diese Pflasterwüsten auf kostspielige Weise leer und unbenutzt bleiben, wenn keine Massenveranstaltungen stattfinden. Die Autobahn in Los Angeles (oben rechts) illustriert den Krebsschaden des Monoverkehrs in seinem fortgeschrittenen Zustand: die vielbahnige Schnellstraße und die Parkplätze haben das lebendige Gewebe der Stadt fast vollständig zerfressen. Im Interesse eines unbehindert fließenden Verkehrs schaffen die Straßenbauer riesige Kleeblätter (unten links) auch in weniger dicht besiedelten Gebieten mit begrenztem Querverkehr, wo keinerlei Grund besteht, weshalb der Hauptverkehr nicht gelegentlich wie in einer Stadtstraße aufgehalten werden soll. Zeitersparnis durch Raumverschwendung ist kaum wirtschaftlich in Gebieten wie der Bay Region in San Francisco, denen gefährlicher Mangel an Boden für Zwecke von Landwirtschaft und Erholung sowie ein riesiger Überschuß an unverwertbarer Freizeit drohen. Zwar ist der amerikanische »Industriepark« ein vorzügliches Beispiel für moderne technische Planung – wunderbar isoliert gegen das benachbarte Gemeinwesen und von Autostraßen ausreichend bedient –, doch hat die Billigkeit und Bequemlichkeit eingeschossiger Bauten nachlässige Planung und Ausdehnung begünstigt. Hier hätten Bauten auf Stützen es ermöglicht, Autos darunter unterzubringen, wo sie gegen Sommerhitze und Schnee geschützt wären, und hätten Platz für einen Erholungspark für die Mittagspause freigestellt, was der Arbeit und der Arbeitsleistung zugute gekommen wäre. In solchen Gegenden könnte die öffentliche Hand sehr wohl verschiedene Steuersätze einführen, um dadurch höhere Industriebauten, welche Boden sparen, zu fördern, und den Bau von niedrigen Gebäuden zu beschränken, soweit diese nicht für die Aufstellung schwerer Maschinen erforderlich sind. In Amerika ist das Raumfressen aber beinahe zu einem allgemeinen Zeitvertreib geworden. Flughäfen für Düsenflugzeuge stellen Raumforderungen, die nur noch auf freiem Feld sehr weit außerhalb der Großstädte befriedigt werden können; dadurch geht aber selbst zwischen so weit entfernten Städten wie New York und Chikago der durch die Düsenflugzeuge erzielte Zeitgewinn wieder verloren. Der Maßstab, den Frank Lloyd Wright in »The Disappearing City« gefordert hat –

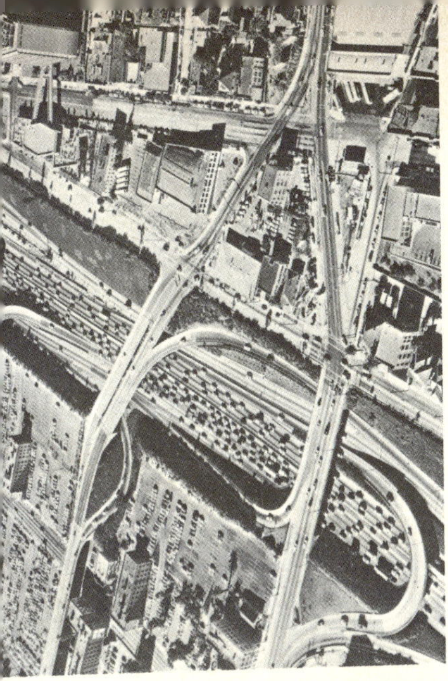

wenigstens 4000 qm Land pro Familie –, gilt als allenthalben wünschenswert, wenngleich als unerreichbar. Infolgedessen verschwindet die Stadt selber immer schneller, und ihre verstreuten Teile »verlieren sich im Raum«.

Oben links: Foto Fairchild Aerial Surveys Inc. New York. *Oben rechts und unten links:* Foto Department of Works, State of California. *Unten rechts:* Foto Ewing Galloway.

49 VEREDELUNG UND RÜCKSCHRITT

Naarden in Holland (oben). Eine militärische Verrücktheit, aus der man schließlich städtebaulichen Nutzen gezogen hat. Glücklicherweise bestanden die äußeren Verteidigungswerke größtenteils aus Erdwällen. Als sie daher schließlich im 19. Jahrhundert aufgegeben wurden, konnte man sie in einen schönen Parkgürtel verwandeln, und zwar nicht nur in Naarden, sondern auch in Bremen, Krakau und vielen andern Städten. Das Pentagon in Alexandria, jenseits des Potomac, von Washington aus gesehen (unten). Ein schwächlicher, wertloser barocker Entwurf, der in den dreißiger Jahren von amerikanischen Militärbaumeistern wieder ins Leben gerufen und zu einer architektonischen Katastrophe vergrößert wurde. Die nukleare Macht hat diesen Irrtum noch verschlimmert und seine gewaltige kosmische Albernheit in eine tragische Drohung verwandelt; denn hier ist noch einmal die Zitadelle ins Leben zurückgerufen worden, wobei man alle antiken Dimensionen vergrößert und jeden Fehler in die zehnte Potenz erhoben hat. Die bronzezeitlichen Phantasien von absoluter Macht, die bronzezeitliche Gewohnheit, zahllose Menschenleben auszulöschen, die unbeherrschten Zwangsvorstellungen, Haßgefühle und Verdächtigungen der bronzezeitlichen Götter und Könige haben hier wieder auf eine Weise Wurzel geschlagen, die den Kreml Iwans des Schrecklichen und seiner heutigen Nachfolger nachahmt und zu übertreffen versucht. Mit diesem Rückfall haben sich in weniger als einem Jahrzehnt wieder die Eingleisigkeit, das priesterliche Monopol geheimen Wissens, die Vervielfältigung von Geheimagenten und die Unterdrückung offener Diskussion eingestellt – ja, man hat sogar mittels einer »überparteilichen« Wehr- und Außenpolitik jeden Irrtum gegen öffentliche Kritik und Enthüllung geschützt, wodurch in der Praxis eine Reaktion der Öffentlichkeit vereitelt und jede vernünftige Gegenmeinung zu unpatriotischer Haltung, wenn nicht gar zum Verrat erklärt wird. Diese rückschrittliche Zitadelle abzutragen, wird viel schwieriger sein als die Zerstörung der älteren Verteidigungswerke des Barock. Bis es dazu kommt, müssen jedoch alle umfassenden Pläne für die Entwicklung der Stadt und des Menschen warten.

Oben: Foto des Niederländischen Informations-Büros.
Unten: Foto Ewing Galloway. Eine ausführliche Kritik der chronischen Psychopathologie unseres sittlich verwirrten Zeitalters bringt *The Morals of Extermination* im Atlantic Monthly vom Oktober 1959; dort auch *In the Name of Sanity.*

50 PLUS ÇA CHANGE...

Oben links: Arbeiterwohnungen im 19. Jahrhundert. Eintönig, sich ständig wiederholend, mechanisch entworfen, übervölkert; der freie Raum ganz den Straßen zugewiesen, so daß nichts für Gärten und Spielplätze bleibt. Unten links: Der Eisenbahnverkehr eignete sich ebenfalls weite Flächen nahe dem Stadtzentrum an und trug Schmutz und Lärm in die Wohnviertel hinein. Oben rechts: Dieses Beispiel eines vorstädtischen Wohnviertels liegt erheblich über dem Niveau der großen Mehrzahl solcher Siedlungen um die meisten amerikanischen Großstädte herum. Trotz der Arbeit der Planierraupen sind ein paar Bäume stehen geblieben, um die Häuser ist mehr freier Raum, und der Baumeister hat sogar ein Stück öffentlicher Anlagen vorgesehen. Romantische Spuren. Aber angesichts der vielen überlegenen Vorbilder auf dem Gebiet der Stadtplanung und Anordnung von Häusern (Abb. 44, 51 und 60) wiederholt hier das Endergebnis doch nur die Fehler des Eisenbahnzeitalters, wenn auch auf einem höheren Punkt der Spirale. Das Ladenviertel mit seinem Parkplatz und der Autostraße (unten rechts) verrät wiederum die üblichen Fehler der technischen Frühzeit, die hier nur dürftig verschleiert sind: räumliche Verödung und städtische Auflösung zugunsten eines schnelleren technologischen und kommerziellen Umsatzes. Mono-Verkehr schafft mono-funktionale Isolierung. Dabei verursachen der Rauch aus Abfallöfen und die Auspuffgase von Autos und Düsenflugzeugen – ganz zu schweigen von der Verunreinigung durch die moderne Industrie – einen Staub, der der Gesundheit nicht weniger abträglich ist als früher die Rauchglocke.

Oben links: Nachbarschaft in Manchester. Foto Aerofilms Ltd. London.
Unten links: Eisenbahnanlagen in Doncaster. Foto Aerofilms und Aero Pictorial Ltd. London.
Oben rechts: Foto New York Times.
Unten rechts: Garden State Plaza in Paramus. N. J. Foto: Fairchild Aerial Surveys Inc. New York.

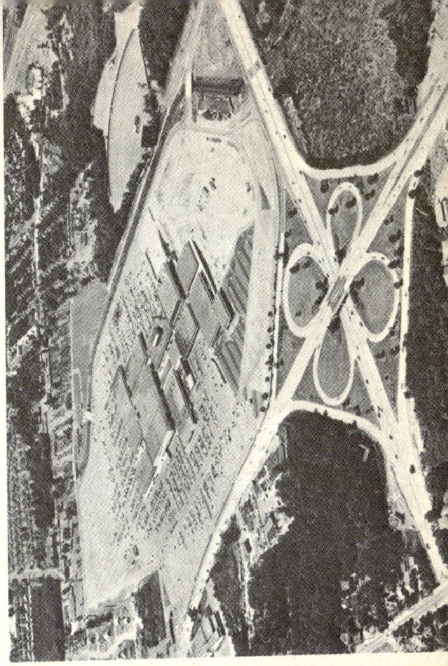

51 NEUERUNGEN IM STÄDTEBAU

Der Radburn-Plan (oben), die erste größere Neuerung in der Stadtplanung seit Venedig, ging auf die Anregung eines Laien zurück, der die neue Anlage als »Stadt für das Motorzeitalter« entwarf. (Vgl. Clarence Steins *New Towns for America.*) Die Anpassung an das Auto war aber nur eines seiner vielen besonderen Merkmale. Er machte sich die Trennung des Verkehrs durch Über- und Unterführungen zunutze, wie sie Olmstedt zuerst im Central Park in New York gezeigt hatte; er schuf den vorstädtischen Superblock mit einer planmäßigen Verwendung von Sackgassen, um Abgeschlossenheit und Stille zu gewährleisten; er trennte die Zugangsstraßen zu den Nachbarschaften von den Hauptverkehrsstraßen, wie es in Perrys Entwurf der geschlossenen Nachbarschaft gezeigt worden war; und er schuf Schule und Schwimmbad in einem Park als Mittelpunkt einer Nachbarschaft. Diese radikale Umgestaltung wurde ein wenig dadurch verschleiert, daß man das übliche Vorstadthaus beibehielt; aber auch die Fotografie zeigt deutlich den Unterschied zwischen der Radburn-Siedlung unten und der üblichen halb vorstädtischen Planung oben. Wäre Radburn eine voll entwickelte Grüngürtelstadt geworden und nicht, um der Wirtschaftskrise zu begegnen, liquidiert worden, so hätte es vielleicht eine ähnliche unmittelbare Wirkung ausüben können, wie sie Letchworth und Welwyn auf die Planung der britischen New Towns gehabt haben. Ein Vergleich mit Abb. 60 zeigt die besonderen Vorzüge des Radburn-Plans, die von europäischen Stadtplanern erst spät erkannt worden sind. Weil Le Corbusier sich denselben Plan, den Meyer und Nowicki für ihn in Chandigarh vorbereitet hatten, zueigen machte, hat er das Cachet seines Rufes einem Plan verliehen, von dem Unwissende glauben könnten, er habe ihn erfunden. – Baldwin Hills Village (Mitte) zeigt die Vorzüge einer »Bereichsplanung« innerhalb eines Superblocks, der vom Durchgangsverkehr abgeschlossen ist. Die privaten Garagen liegen an der Peripherie, und der ganze Trakt bleibt frei von den überflüssigen Straßen, die auf der üblichen kommerziellen Siedlung oben im Bild zu sehen sind. Dies ist ein hervorragendes Beispiel guter Planung, denn der innere Park ist für Menschen, nicht für Autos bestimmt. Hier hätte auch die dreifache Dichte die Offenheit des Plans nicht zerstört. Solche Superblocks unterscheiden sich vorteilhaft von der windigen Öde ragender Tafelbauten mit ihren gestaltlosen und meistens auch gartenlosen freien Plätzen. Unten: Eine Nachbarschaft von Wohnhäusern (Fresh Meadows, Long Island), die geschickt so angelegt sind, daß der Autoverkehr verlangsamt wird, ohne doch die vollständige Trennung wie in Radburn zu bewirken. Die reich bemessenen freien Plätze, die Erhaltung eines Eichengehölzes in der Mitte links, der Verzicht auf unnötige Straßen, die Bereitstellung hinreichend nahegelegener Nachbarschaftsmärkte und auch eines allgemeinen Ladenzentrums, das dem ganzen Bereich dient, die Verwendung gemeinsamer Garagenhäuser anstatt privater Hütten oder unwirtschaftlicher Parkplätze – das alles verrät jene Ver-

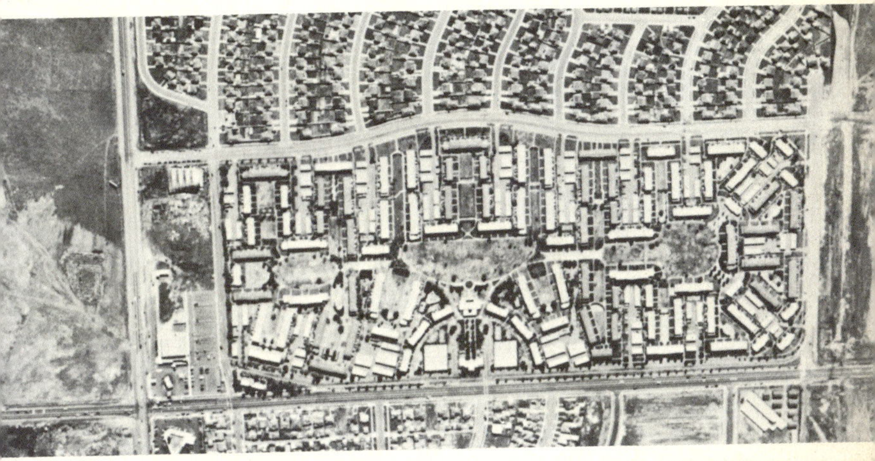

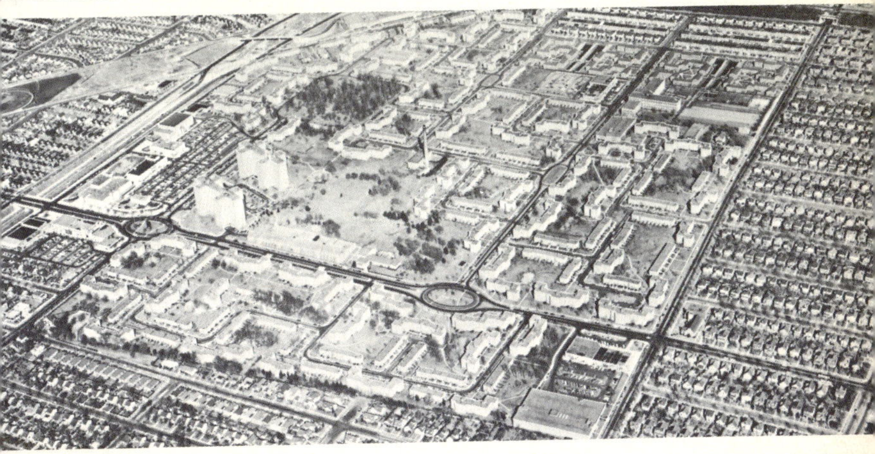

bindung von Offenheit und städtischem Charakter, die das Kennzeichen einer gutgeplanten Stadt sein sollen; im Gegensatz zu der verschwenderischen und ästhetisch trostlosen Einheitlichkeit des umliegenden Gebietes. Die schwächsten Punkte dieses Entwurfs sind die zwei kümmerlich entworfenen und schlecht gelegenen Wohnhochhäuser, während die dreistöckigen Wohnhäuser vorzüglich sind. Die Roehampton Estate des Londoner Grafschaftsrates verrät mit ihrer Mischung aus Wohntürmen und niedrigeren Etagen- und Einfamilienhäusern eine geschicktere Handhabung großer Einheiten.

Oben: Foto Fairchild Aerial Surveys Inc. New York.
Mitte: Foto Clarence S. Stein.
Unten: Foto New York Life Insurance Company.

52 BEREICHSPLANUNG

Die Bereichsplanung hat sich bis in unsere Zeit in einem so schönen Beispiel wie Harvard Yard erhalten, der ebenfalls ein vom Durchgangsverkehr abgeschlossener Superblock ist. Die gleiche ordentliche, aber abwechslungsreiche Anlage von Gebäuden ließe sich ebenso auf eine Gruppe von Etagenhäusern anwenden. Der Wert von Harvard Yard beruht darauf, daß das Auto ausgeschlossen blieb. Daß das möglich ist, ohne auf Bequemlichkeit zu verzichten, ist nicht nur in Radburn, sondern auch in Sunnyside Gardens und Baldwin Hills bewiesen worden. Weil es an solchem Verbot fehlt, versinken jetzt viele von Harvards schönsten Gebäuden, z. B. Austin Hall, die früher von Grünflächen umgeben waren, in einem Meer von Autos. Die Harvard Business School auf dem andern Ufer des Charles River (unten) ist gleichfalls ein abgeschlossener Bereich, doch zahlt es den raumfressenden Kraftwagen seinen Zoll. Das von zahlreichen Bäumen bestandene Gebiet oben links ist übrigens eines der reizvollsten Beispiele für spontane Vorstadtplanung um die Mitte des 19. Jahrhunderts; hier wurden Superblocks und Sackgassen angelegt, ehe noch Olmsted dieser Kunst huldigte. Ähnlich wie bei den Colleges in Oxford und Cambridge ist nichts an Harvards stückweise geplanten Bauten, nicht einmal das Graduate Center, so hübsch oder so wirtschaftlich angemessen wie die Bauten des Yard. Heute besteht nur noch die Alternative zwischen zerstörerischer Überfüllung und gutgeleiteter Kolonisierung: neue Harvards in verwandten Teilen Neuenglands oder vielleicht auch in andern Landesteilen. Wird diese und werden andere große Universitäten dem irreführenden Beispiel Roms folgen oder werden sie sich die Lehre von Delphi zu Herzen nehmen, an die sich die Stadt Cambridge im 17. Jahrhundert gehalten hat?

Oben: Harvard Yard. Foto Felt, Harvard University.
Unten: Foto Ewing Galloway.

53 FUNKTIONALE ZONEN

Die Stadt ist ihrem Wesen nach ein Ort für verschiedenartige Tätigkeiten. Bei Industriebetrieben wie Zementfabriken und chemischen Werken, Stahlwerken und Schlachthäusern ist jedoch die räumliche Isolierung wünschenswert und rechtfertigt auch relativ lange Wege zum Arbeitsplatz. Selbst bei Werken, die Elektro-Artikel herstellen (Mitte) verlangt der Bedarf an Eisenbahngleisen und die Notwendigkeit ausgedehnter Anlagen, daß das ganze Gebiet vom Straßennetz befreit und von der übrigen Stadt mindestens durch einen Parkstreifen getrennt wird. Solche Industriezonen und geschlossene Werksentwicklung gehören zu den besten Eigenschaften der britischen New Towns, angefangen bei Welwyn Garden City. Die Trennung des Stahlwerks (oben) von der Wohnsiedlung der Arbeiter unterscheidet sich erfreulich von der Anlage auf Abb. 39. Zwar sind die Straßen immer noch verschwenderisch breit, aber die Gärten und Spielplätze, die für die meisten seit 1920 in England mit öffentlichen Mitteln geförderten Wohnsiedlungen typisch sind, tragen entscheidend zu Schönheit und Gesundheit bei. Die Industriesiedlung (Industrial Park) in Slough (unten) ist eine unter mehreren, die in England in den neunziger Jahren des vorigen Jahrhunderts zugleich mit der riesigen Siedlung in Trafford Park (Manchester) zu entstehen begannen. Werden sie als integrierender Bestandteil einer Stadt oder mehrerer Städte geplant, so leisten sie einen wertvollen Beitrag zur städtischen Ordnung. In den Vereinigten Staaten führt die Verwendung von Zonen für nicht funktionale Zwecke, zumal in Wohnvierteln, häufig zu architektonischer Eintönigkeit, praktischer Unbequemlichkeit und gesellschaftlicher Absonderung. Funktionale Vermischung ist gelegentlich ebenso gebieterisch notwendig wie funktionale Trennung.

Oben und Mitte: Foto Ewing Galloway.
Unten: Foto Aerofilms Ltd. London.

54 BEWAHREN UND ERNEUERN

Die führende Stellung in der Stadtplanung, die Boston in den neunziger Jahren innehatte, besitzt heute Philadelphia. Die Erneuerung des historischen Stadtkerns um Independence Hall hat einen Auftrieb gegeben, der auf das angrenzende alte Wohnviertel von Society Hill übergegriffen hat und jetzt die Erneuerung des zentralen Geschäftsviertels herbeizuführen verspricht. Dabei hat man nicht nur den historischen Bereich mit Wohnungen in restaurierten Gebäuden aus dem 18. und frühen 19. Jahrhundert neubesiedelt, sondern auch neue Etagenhäuser errichtet. Leider lassen diese in ihren Dimensionen eher den kommerziellen Maßstab erkennen, der auf hohen Mieten beruht, als den häuslichen Maßstab, der sich von menschlichen Bedürfnissen herleitet. Die formalistisch-barocke Zufahrt zu Independence Hall (links oben) zeigt, wieviel leichter es ist, einen Raum zu erschließen als ihn auf organische Weise einzuschließen. Aber die zwanglosen kleinen Nachbarschaftsanlagen und Spielplätze (links unten), die durch umgrünte Fußwege verbunden sind, verdienen in Philadelphia und anderswo breiteste Nachahmung. Die neue Wertschätzung von Ordnung und Offenheit, die sich zuerst im historischen Bereich bemerkbar machte, hat jetzt auf das Geschäftsviertel übergegriffen, wo die wachsame Vorausschau der Stadtplanungskommission sich den Abbruch der Eisenbahnviadukte und Bahnhöfe zunutze machte, um ein neues Geschäftszentrum und Hotelviertel zu schaffen. Bei diesem Vorhaben haben sich Privatunternehmen und Gemeinsinn auf das glücklichste verbündet. Die Mittelmäßigkeit der architektonischen Form wird teilweise aufgewogen durch die offene Anordnung und die empfindsame Ausnutzung des inneren Raumes. Der Stadtkern von Philadelphia hat, obwohl er durch den Auszug in die Vorstädte geschwächt ist, nunmehr begonnen, durch sein Kunstmuseum, sein Büchereiwesen, seine Universitäten und nicht zuletzt durch den historischen Bereich selber seine Anziehungskraft auf das ganze Tal des Delaware auszuüben. Das sollte nicht nur zur inneren Erneuerung der Stadt führen, sondern auch zur Erhaltung des grünen Nährbodens und zum Übergang von der klumpig zusammengewachsenen Gruppe von Städten zu der neuen städtischen und regionalen Gitterplanung.

Links oben: Independence Hall mit ihrem neuen formalistischen Zuweg.
Rechts oben: Der historische Stadtkern mit der Carpenter's Hall, einem amerikanischen Zunfthaus (mit Turm) in der Mitte und dahinter William Stricklands Second Bank of the United States (griechischer Tempel), der American Philosophical Society und dem Turm der Independence Hall.
Links unten: Kleiner Nachbarschaftpark in dem historischen Teil, dessen Wiederherstellung damit begann, daß man Gärten in alten Bauwerken anlegte, die von den immer noch in diesem Stadtteil konzentrierten Versicherungsgesellschaften benutzt werden.
Rechts unten: Penn Center, das als Plan und Modell von der Stadtplanungskommission entworfen wurde. Alle Fotos von der Stadtplanungskommission.

55 HISTORISCHER STADTKERN

Wenn die Londoner Stadtplaner in der Nachkriegszeit, anders als die Bewahrer des historischen Stadtkerns von Philadelphia, nicht versuchten, das Gebiet um die St.-Pauls-Kathedrale in einen großen Park zu verwandeln, so lag das teilweise an den hohen Bodenpreisen, den verschiedenen Körperschaften, die dort Grundbesitzer waren, und an den anhaltenden geschäftlichen Bedürfnissen der City. Anfänglich war man wohl versucht gewesen, die Gebäude unmittelbar um die Kathedrale als eine formalistische Barock-Komposition zu behandeln, und später standen ebensolche ästhetischen Vorstellungen hinter der heftigen Opposition, auf die der bessere, hier gezeigte Plan stieß. Anstatt das Viertel in unmittelbarer Nähe der Kathedrale so zu entwerfen, daß es äußerlich mit ihr »harmonisierte«, wie es Geschäftshäuser in Philadelphia in der Nähe der Independence Hall nur zu oft getan hatten, schlug Sir William Holford hier einen Rahmen vor, der in kühnem Gegensatz zu dem architektonischen Juwel steht, das er einfaßt. Er versagte es sich sogar, einheitliche Höhen und regelmäßige Fassaden vorzuschreiben, sondern erzielte eine große Vielfalt von Gebäuden mit bisher unerreichbaren freien Plätzen, indem er die Höhen im Verhältnis zu der überbauten Fläche variierte. Ferner schuf er eine Vielzahl von Zuwegen, innere Übereinstimmung und eine Folge von freien und verstellten Ausblicken ähnlich wie in einer mittelalterlichen Stadt. Man halte diesen organischen Plan mit seiner funktionalen Elastizität und ästhetischen Mannigfaltigkeit, seinen wohlausgefüllten Räumen und freundlichen Einfriedungen gegen die tödliche Gleichförmigkeit, die visuelle Öde, den unmenschlichen Maßstab und, was noch schlimmer ist, die menschliche Belanglosigkeit der grandiosen Stadtpläne, die Le Corbusier seit den zwanziger Jahren der Reihe nach vorgelegt hat. Bei diesem Plan für den Bereich von St. Paul's sind die Interessen und Bedürfnisse der Geschäftswelt mit andern menschlichen Tätigkeiten in Einklang gebracht worden, während in den »Idealen Städten« von Le Corbusier und seinen Nachahmern (bis nach Chandigarh) durchweg bürokratische Reglementierung bestimmend ist. Leider ist Le Corbusiers Phantasie, die mit den negativen Tendenzen der heutigen Gesellschaft in tiefem Einklang steht, eine ganze Generation hindurch allenthalben in der Welt der einflußreichste Faktor in Architektur und Stadtplanung gewesen. Hier hingegen hat man das, was an Le Corbusiers Gedanken wertvoll ist, auf bewundernswerte Weise assimiliert und mit der ganzen Spannweite städtischer Tätigkeiten in organische Beziehung gebracht. Außerdem hat hier die Bewahrung und Hervorhebung eines Baudenkmals nicht eine Reihe von törichten Nachahmungen hervorgebracht, sondern Vorschläge für eine neue Planungs- und Bauweise, die auch anderswo anwendbar ist.

Links: Vorhof und Eingang zu St. Paul's.
Rechts: Seitenansicht von Osten. Fotos der Modelle vom Town Planning Review.

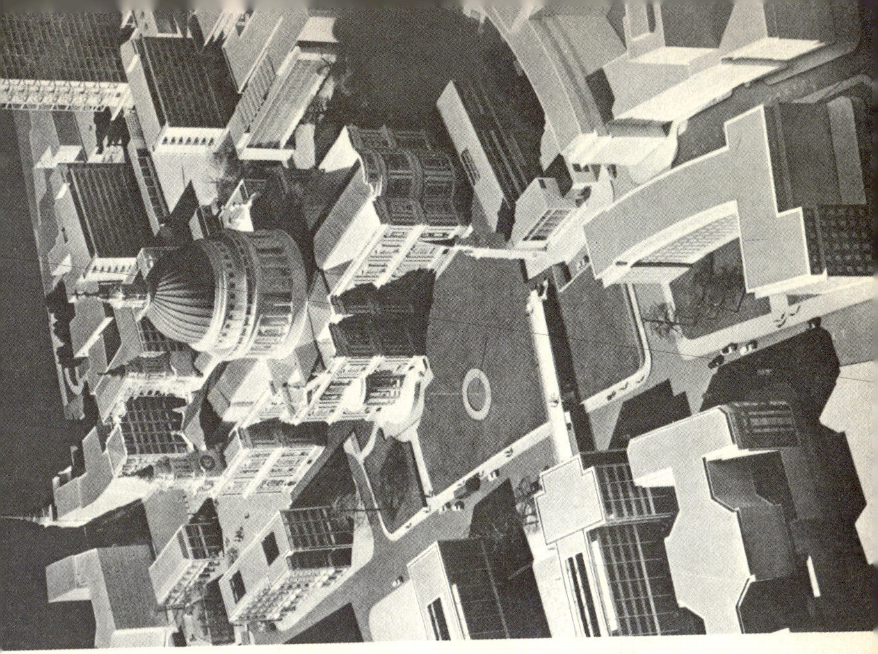

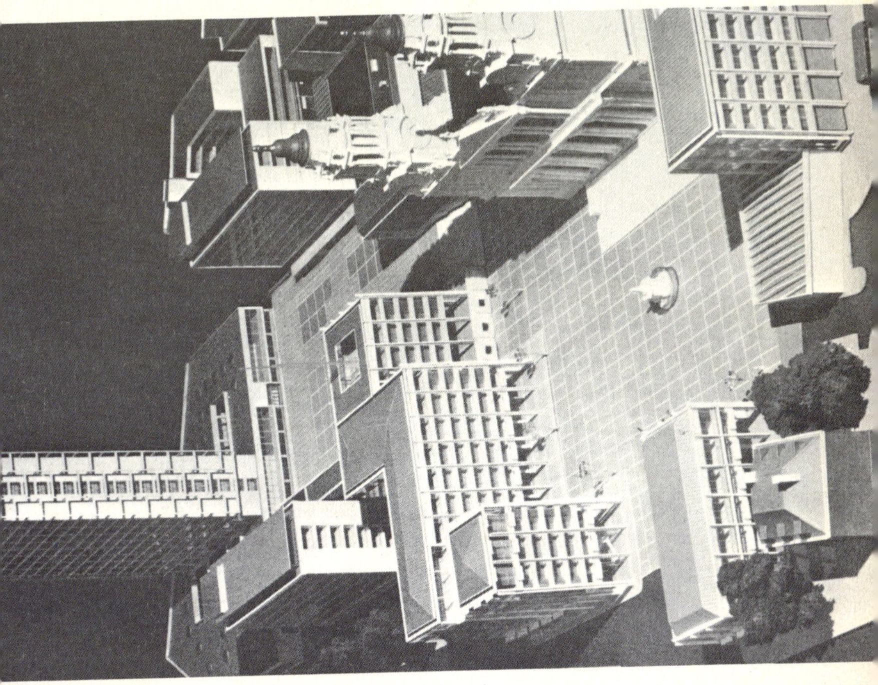

56 DIE HOCHSCHULSTADT

Die wesentlichste Rolle der Stadt – abgesehen von dem täglichen Drama als solchem –, nämlich das kulturelle Erbe zu mehren und weiterzureichen, spielen jetzt hauptsächlich Hochschulstädte, etwa das hier gezeigte Berkeley in Kalifornien und Cambridge in Massachusetts. Berkeley heißt nach dem großen Philosophen zur Erinnerung an dessen Gedicht *Über die Gründung einer Stätte des Lernens in Amerika* und wurde 1858 entworfen. Mitte der sechziger Jahre wurde Olmsted aufgefordert, den Campus zu planen. Leider wurde das Geld für den Ausbau der Universität durch den Verkauf von Grundstücken aufgebracht, die an den Universitätsbereich angrenzten. Das hat dazu geführt, daß die Stadt jetzt mit ihrer größeren Nachbarstadt Oakland zusammengewachsen ist und dadurch ihre äußere Selbständigkeit verloren hat. Eine genaue Betrachtung der Abbildung zeigt, daß die Universität und die Stadt darunter fast für jeden kulturellen Bestandteil der historischen Stadt ein Beispiel aufweisen: Tempel, Arena, Gymnasium, Campanile, Theater, Rathaus, »Palast«, Park und sogar (in den Wohnheimen!) Kloster. In der aufblühenden Wirtschaftsordnung, die jährlich ein Übermaß an Konsumgütern und einen Überschuß an trostlos leerer Freizeit produziert, nimmt die Universität eine Schlüsselstellung ein. Die Schule entsprang nämlich aus der überschüssigen Freizeit der griechischen Polis, und in dem jetzt anhebenden Zeitalter wird die Paideia – nach Werner Jaegers klassischer Darstellung Erziehung im umfassendsten Sinne – zum wesentlichen Inhalt des Lebens werden. Mit ihrem langen Gedächtnis, ihren entscheidend wichtigen internationalen Verbindungen und ihrer zuchtvollen Hingabe an geistige Beziehungen und Zusammenarbeit ist die Universität zum eigentlichen Kern in dem neuen städtischen und kulturellen Gitternetz geworden. Indem sie die geistige Tätigkeit des antiken Tempels fortsetzt, verrät die Universität immer noch die Merkmale ihres Ursprungs. Obwohl sie geistes- und naturwissenschaftliches Wissen fördert – das »neue Wissen«, das mit der antiken Stadt seinen Einzug hielt –, hat sie erst jetzt angefangen, den älteren Künsten Raum zu schaffen, die noch hinter den Tempel zurückreichen: Malerei, Ritual, Tanz, Musik und auch Religion. Ferner hat die Universität, weil sie sich allein um die Fortschritte der systematischen Wissenschaft gekümmert hat, viele der schlimmsten Seiten der alten Stadt bis zum Zerrbild gesteigert: intensive berufliche Unterteilung, übermäßige Spezialisierung und hierarchische Unterordnung unter eine alles durchdringende bürokratische Zucht. Inzwischen hat das sich ausweitende Reich des Wissens, das ähnlichen Kräften untertan ist, wie sie zu der automatischen technologischen Expansion geführt haben, seinen zentralen menschlichen Bezug verloren; daher ist es außerstande, seine wertvollsten Erzeugnisse richtig einzuschätzen, zu assimilieren und einer weiteren menschlichen Verwendung zugänglich zu machen. Die Folge ist die Zerstörung des ganzen Menschen und die fortschreitende Entmenschlichung des fragmentarischen Menschen, der auf einen fragmentarischen Beitrag zum Wissen

festgelegt und außerstande ist, eine Situation als Ganzes zu erfassen oder eine ganze Antwort zu geben, bei der seine Gefühle, Empfindungen und Vorstellungen ebenso diszipliniert sind wie seine intellektuellen Reaktionen. In ihrer jetzigen Verfassung zeigen selbst die größsten Universitäten – und die University of California in Berkeley ist eine der großen – die üblichen großstädtischen Fehler: übermäßiges Wachstum, Ballung, Auflösung und Desorganisation. Soll die Universität als organisationsfähiger Kern der neuen städtischen Implosion dienen, so muß sie ihre Einrichtungen nicht nur dezentralisieren und auf regionaler Grundlage neu organisieren, wie das viele amerikanische Staatsuniversitäten jetzt tun, sondern sie muß einen inneren Wandel durchmachen: von Pädagogik zu Paideia, von Wissenschaft zu Weisheit, von Absonderung zu Verpflichtung. Daraus wird dann ein neues Wissenssystem entspringen, eine neue Haltung gegenüber allen Manifestationen des Lebens, die sich von der Naturwissenschaft und Technologie, die Galilei, Bacon, Descartes und Newton geschaffen haben, ebenso sehr unterscheiden, wie diese sich von der Theologie des Thomas von Aquin unterschieden haben. Ohne diese große Erneuerung werden alle unsere Pläne für die Entwicklung der Stadt unfruchtbar und oberflächlich bleiben.

Foto Fairchild Aerial Surveys Inc. New York.

57 REGIONALES GITTERNETZ

Diese Analyse des Wachstums städtischer Gemeinwesen im Staate New York ist hauptsächlich das Werk von Henry Wright und beginnt mit der Kulmination der frühen Ansiedlung und Kolonisation. Das Bevölkerungsbild spiegelt Tätigkeit und Verkehr innerhalb des ganzen Staates, die sich auf 1440 Kilometer Kanäle, 5000 Wasserräder und 400 kleine Industriestädte gründen. Zwar ergänzte die Eisenbahn Kanal und Landstraße, doch trug auch sie regionalen Charakter mit vielen kleinen Querverbindungen. Diese wurden im Laufe der Zeit von ein paar Hauptlinien aufgesogen, blieben jedoch, wenngleich geschwächt, bis in die zwanziger Jahre hinein in Betrieb. Die zweite Periode führte zu einer Konzentration entlang den Hauptverkehrsstraßen, welche die Hauptstadt bevorzugten und so zur Ballung beitrugen. Den Anfang machte die Gründung einer regelmäßigen Schiffsverbindung zwischen New York und Liverpool 1816. Gefördert wurde sie durch den Bau des Erie-Kanals im Mohawktal, der bei Buffalo endete und New York eine direkte Verbindung mit den großen Seen und ihrem Hinterland verschaffte. Etwa um 1880 hatte die Eisenbahn, die derselben Route folgte, den Kanal weitgehend ersetzt. Die Dampfeisenbahn und die elektrische Straßenbahn förderten die Zusammenballung in den größeren Städten und leiteten die Zerstreuung in die Vorstädte ein. 1925 skizzierte Wright die hier gezeigte mögliche Verteilung der Städte, wobei die Konzentrierung stärker als in der ersten, aber geringer als in der zweiten Periode

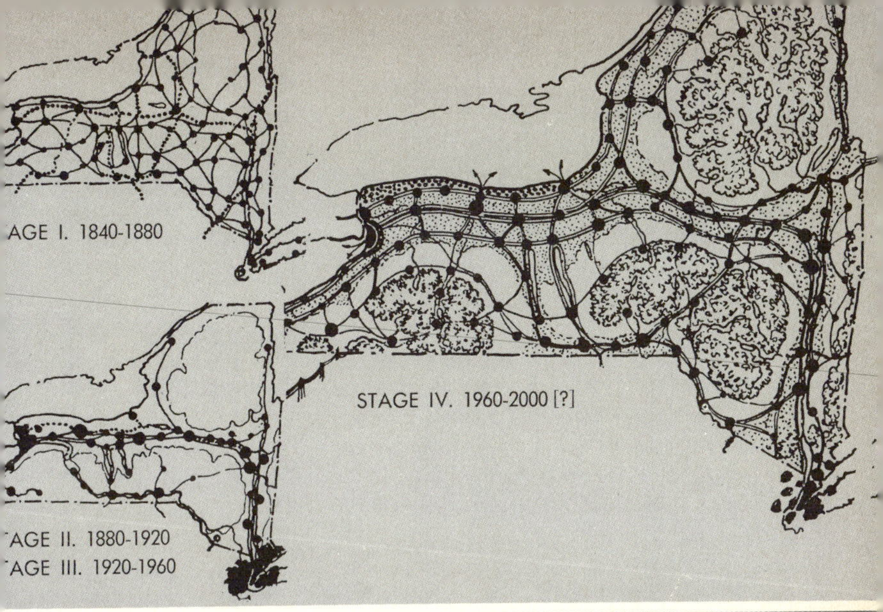
AGE I. 1840-1880
STAGE IV. 1960-2000 [?]
AGE II. 1880-1920
AGE III. 1920-1960

sein würde. In den Jahren zwischen 1920 und 1960 wurde der Adirondack State Forest praktisch in ein Naturschutzgebiet verwandelt, wodurch ein Teil der Einwohner aus diesem Gebiet abgezogen wurde, doch wurden großstädtische Ballung und Verödung im Raum von New York und Buffalo immer schlimmer. Bei der Schilderung des Begriffs eines städtischen und kulturellen Gitternetzes habe ich mich an Wrights Diagramm gehalten, weil es dem am nächsten kommt, obwohl es natürlich noch weiter entwickelt werden muß. Das Diagramm zeigt, wie ein regionales Gleichgewicht erzielt werden könnte, wenn man Bevölkerung und Industrie planmäßig auf viele kleinere Gemeinwesen von verschiedener Größe und wechselnden Funktionen verteilt, wie eines im Mohawktal (unten) hier abgebildet ist. Wenn man sorgfältig organisiert und Verbindungen herstellt, kann noch das kleinste dieser Gemeinwesen großstädtische Vorzüge aufweisen, welche die Großstadt nicht mehr genießt, und kann sich dabei eine mannigfaltigere Umwelt erhalten, welche für Erziehung und Erholung größere Möglichkeiten bietet.

Oben: Henry Wrights geschichtliche Diagnose und Plan für den Staat New York. Final Report of the New York State Housing and Regional Planning Commission. Albany 1926.
Unten: Kleinstadt im Mohawktal. Foto Ewing Galloway.

58 DER GRÜNE MUTTERBODEN

Für die Kultur einer Stadt ist wesentlich, daß die regionale Umwelt, der grüne Mutterboden, erhalten bleibt. Wo diese Umwelt entstellt, ausgeplündert oder vernichtet worden ist, dort muß der Verfall der Stadt nachfolgen, denn die Beziehungen sind symbiotischer Art. Die Schwierigkeit, dieses Gleichgewicht zu halten, ist zeitweise durch die zügellose Ausbreitung minderwertigen städtischen Gewebes vergrößert worden, das sich in endlosen Verkaufsbuden, Motels, Garagen, Tankstellen und Bauplätzen verläuft; hinzu kommt aber auch die rasche Industrialisierung der Landwirtschaft selber, wodurch diese aus einer Lebensweise in einen mechanischen Fertigungsvorgang verwandelt worden ist, der sich nach Inhalt, Ziel oder Betrachtungsweise kaum von andern städtischen Berufen unterscheidet. Die Wiedereroberung und Neuerfüllung der Landschaft ist als Quelle wesentlicher Werte in einem ausgewogenen Leben eine der wichtigsten Voraussetzungen einer städtischen Erneuerung. Wenn der Stadtplaner angeblich gezwungen ist, zwischen Grüngürteln und Grünkeilen zu wählen, verhält es sich ähnlich wie mit der andern häufigen Entscheidung zwischen Wohnhochhäusern für Stadtzentren und niedrigen Einfamilienhäusern für am Rande gelegene Gemeinwesen: es ist ein grundloses Dilemma und eine falsche Alternative. Entscheidend ist, daß der grüne Mutterboden erhalten bleibt, in welchem große und kleine Stadtgemeinden liegen. Vor allem kommt es darauf an, zu verhindern, daß städtisches Gewebe durch unkontrolliertes Wachstum diesen Mutterboden entstellt und das ganze ökologische Verhältnis von Stadt und

Land stört. Seitdem wir mehr Freiheit haben, ist es wichtiger denn je zuvor, daß wir uns den natürlichen Rahmen erhalten, nicht nur indem wir gute Böden für Landwirtschaft und Gartenbau reservieren und andere Gebiete, die landschaftlich besonders reizvoll sind, für Erholung und Einsamkeit, sondern auch dadurch, daß wir in erhöhtem Maße Gelegenheit für persönliche Liebhabereien wie Gartenbau, Landschaftsgärtnerei, Vogel- und Viehzucht schaffen. Die Tennessee Valley Authority hatte mit den andern staatlichen Planungsprojekten, die in den dreißiger Jahren ihrem Beispiel folgten, das eine gemeinsam, daß sie fast ausschließlich auf Flußregulierung, Stromerzeugung und Bodenschutz gerichtet war, aber keinerlei Fürsorge für die Städte traf. Hätten die ursprünglich maßgebenden Männer sich mehr um den Erfolg der kleinen Industriestadt Kingsport in Tennessee gekümmert, die John Nolen 1915 im Auftrag von privaten Unternehmern geplant hatte, so hätten sie ihre hervorragenden regionalen Reformen dadurch ergänzt, daß sie die vorhandenen kleineren Gemeinwesen sanierten und ausbauten und andere neu anlegten; zum mindesten hätten sie eine Gesetzgebung gefordert, die solchen Zwecken dienlich war. Dieses Versagen ist besonders bedauerlich in relativ unterentwickelten Gebieten wie dem Tennessee Valley und den angrenzenden Teilen von North Carolina, wo alle Fehler und Abwegigkeiten, die in der Vergangenheit die riesigen, zusammenhanglosen Städteballungen hervorgerufen haben, heute törichterweise wiederholt werden.

Oben: Landschaft im Tennessee Valley. Foto Tennessee Valley Authority.
Mitte: Einrichtungen für Wassersport. Foto Museum of Modern Arts, New York.
Unten: Kingsport. Tenn. Foto Fairchild Aerial Surveys Inc. New York.

59 MENSCHLICHER MASSSTAB

Der menschliche Maßstab ist niemals absolut, wird er doch nicht nur von den normalen Maßen des menschlichen Körpers, sondern auch von den Funktionen bestimmt, die er erleichtern, und von den Interessen und Zwecken, denen er dienen soll. So kann eine Gruppe von hohen Bauwerken (links oben) wie die weiträumig errichteten Wohnhäuser in der Nähe des Zentrums von Vällingby immer noch im menschlichen Maßstab bleiben, zumal da die niedrigen Gebäude im vorn liegenden Ladenzentrum, die Kette der Wohnhäuser im Hintergrund und die Bäume zur Linken den Eindruck der Größe »herabsetzen«, wie ein Transformator den elektrischen Strom auf die örtlich gewünschte Stromstärke herabsetzt. Vällingby liegt fünfzehn Kilometer von der Innenstadt Stockholms entfernt. Zwar besitzt es plangemäß Industrie und Handel nur für höchstens ein Viertel seiner Bewohner, ist aber trotzdem ein Musterbeispiel für eine Entwicklung zur großstädtischen Dezentralisierung und Neuintegrierung in einen dauerhaften grünen Mutterboden. Im Zentrum gibt es Theater, Kino, Versammlungsräume, Rathaus, Bibliothek und so-

gar ein Jugendhaus, dazu hohe und niedrige Etagenhäuser; rund herum liegen die lockerer geplanten Wohnviertel zwischen Parks und Waldstücken. Die Kontore und das Ladenzentrum liegen an der elektrischen Schnellbahn. Zwar gibt es hier wie in Rotterdam im Zentrum Parkplätze für Privatwagen, doch haben die Planer ein ganzes Verkehrsnetz vorgesehen, bei dem schnelle öffentliche Verkehrsmittel angemessen berücksichtigt werden. Das auf mehreren Ebenen gelegene Ladenzentrum von Coventry (links unten) mit seinen Bäumen und Blumenbeeten, seinen gedeckten Fußwegen und angenehmen Gebäudeverhältnissen ist nach einhelliger Meinung eines der schönsten überhaupt; als es aber 1946 vorgeschlagen wurde, stieß gerade der Umstand, daß es eingefriedet und als Bereich isoliert war, auf den Widerstand der »Geschäftsinteressen«, die schlechte Angewohnheiten mit guten Gründen verwechselten. Die Wohnhäuser rechts, zwei Ansichten von derselben Siedlung in Richmond, beweisen, daß man den menschlichen Maßstab auch bei einer erheblich höheren Wohndichte beibehalten kann, als sie in Vorstädten oder New Towns vorhanden ist, wenn man nur von willkürlich einförmigen Vorschriften hinsichtlich Gartengröße, Fluchtlinie und überholten Straßenzügen befreit wird – und wenn man sich nur von solchen formalistischen Vorbildern wie dem hochragenden Tafelbau freimacht, dessen verschwenderische Kosten weder durch ästhetische noch durch soziale Vorzüge aufgewogen werden.

Links oben: Zentrum von Vällingby. Foto Lennart af Petersen, Stockholm.
Links unten: Ladenzentrum in Coventry. Foto Stadtbauamt Coventry.
Rechts oben und unten: Parkleys, Ham Common, Surrey. Zwei- und dreistöckige Etagenhäuser, Wohndichte etwa 200 Menschen pro Hektar. Foto Eric Lyons.

60 AUF DEM WEGE ZUR »SOZIALSTADT«

Harlow, eine der hübschesten unter Englands New Towns, ist in mehr als einer Hinsicht die Erfüllung eines Traumes: Howards Traum von der Gartenstadt, der zuerst in den Gartenstädten von Letchworth und Welwyn in Erfüllung ging; Unwins Traum von der offenen grünen Stadt mit Wohnhäusern, in denen dreißig bis fünfunddreißig Familien auf einem Hektar leben; Clarence Perrys Traum von einer städtischen Reorganisation in Nachbarschaften und nicht zuletzt Sir Patrick Abercrombies Traum von der Gestalt Großlondons nach dem Zweiten Weltkrieg. Wie das eingefügte Bild zeigt, hatte Abercrombie Ladenzentren für Nachbarschaften vorgeschlagen, wenngleich mit mehr Etagenhäusern, als den Behörden der New Towns zweckmäßig erschien. Die großzügigen Spielplätze in den New Towns werden von dem Nachkriegsschulgesetz in England vorgeschrieben, doch hätte man die größeren von ihnen gut in den Grüngürtel der Stadt verlegen können. Um von der Stadt aus leichter dorthin zu gelangen und sich unschwer zu versammeln, hätte ich, ähnlich wie in Radburn, durchlaufende Parkstreifen den breiten Grünflächen

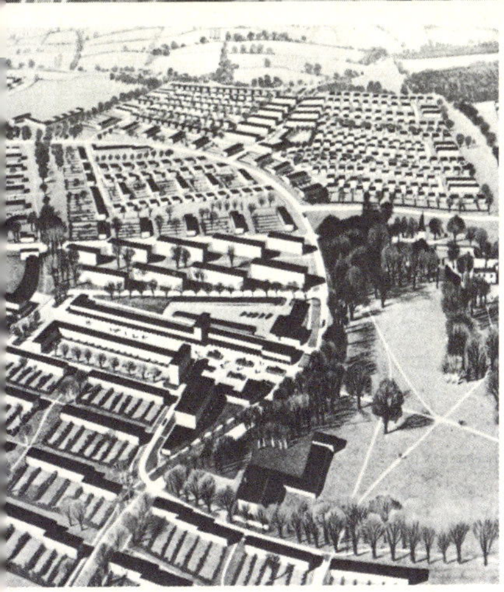

vorgezogen. Ferner hätte eine planmäßigere Verwendung von Superblocks und Sackgassen größere Geschlossenheit und noch privatere Wohnmöglichkeiten geschaffen. Das Fabrikviertel ist aber, wie in den meisten New Towns, großartig. Harlow gehört zu einem Kranz von Städten, die sich von Essex bis nach Hertfordshire erstrecken: der Embryo eines Stadtkranzes oder einer »Sozialstadt«, die noch der vollen politischen Verwirklichung harrt. Daß diese fünfzehn New Towns unter den schwierigen wirtschaftlichen Verhältnissen gebaut wurden, die im ersten Nachkriegsjahrzehnt bestanden, war eine Spitzenleistung städtischer Staatskunst in England. Für kurze Zeit triumphierte die Lebensnotwendigkeit, ermutigt durch die Opfer der Kriegszeit, über die Reize und Verderbnisse einer vom Geld bestimmten Wirtschaftsordnung.

Harlow. 1947 begonnen, Bevölkerung 1960 fast 50 000. Geplante größte Bevölkerungszahl 80 000. Foto Harlow Development Corporation. *Einfügung:* Ausschnitt aus einer New Town aus Patrick Abercrombies *Greater London Plan.*

61 DAS HERZ DER STADT VON HEUTE

Anders als in der Stadt der Antike hat die heutige Stadt ein vornehmlich weltliches Herz; darin spiegelt sich die Vorherrschaft von Technologie und Wirtschaft. In diesem Herzen setzt sich aber eine neue ansprechende Ordnung durch, wie diese Aufnahmen vom Town Center in Harlow beweisen. Zwar ist die Versorgung mit Schulen und Spielplätzen in den New Towns ebenso mustergültig wie die Planung der Industriezonen, doch bedeutet der Umstand, daß man in diesen Gemeinwesen keine neue technischen Fachschulen, Hochschulen und Universitäten angelegt oder vorgesehen hat, einen grundlegenden Irrtum. (Vgl. Abb. 56.) Trotzdem vollzieht sich in den Nachbarschaftszentren wie auch im Town Center eine neue Integration der städtischen Funktionen (oben). Man beachte die Verbindung von Läden, Büroräumen und Verwaltungsgebäuden mit einem vorzüglich entworfenen freien Platz für die Veranstaltung von öffentlichen Feiern. (Ich habe das selber gesehen.) Kein für sich gelegenes Ladenzentrum kann es an Zweckmäßigkeit, Leistungsfähigkeit und menschlicher Teilnahme mit den vielfältigen Verrichtungen eines wirklichen Stadtzentrums aufnehmen. Die Planung einer Stadt kann sich nicht auf »Wohnung, Arbeit, Erholung und Verkehr« beschränken, wie die Umschreibung des Normalplaners lautet. Vielmehr muß man die ganze Stadt hauptsächlich als einen Schauplatz aktiven Bürgersinns verstehen, wo Erziehung und ein farbiges, selbständiges Leben des einzelnen sich abspielen.

Oben: Harlow Town Center.
Mitte und unten: Town Center. Wiederkehr der Fußgängerpromenade und der Piazza in modernem Stil, beides für den Fahrverkehr gesperrt. Fotos Harlow Development Corporation.

Freeman Hardy Willis

62 TRIUMPH ÜBER DEN TERROR

Ossip Zadkines Statue (oben) steht auf einem Platz am inneren Hafen von Rotterdam. Sie ist ein Sinnbild des Leidens der Stadt, deren Kern zusammen mit dem Leben von dreißigtausend Menschen von deutschen Bomben im Mai 1940 ausgelöscht wurde. Dieser Barbarei war die Zerstörung Warschaus 1939 vorausgegangen. Bei den Angriffen der Nazis auf London, Coventry, Manchester und Liverpool wurde die Zerstörung noch gesteigert und viele Male wiederholt und erreichte in einem Massenbrand von Städten ihren quantitativen Höhepunkt, als sich die Demokratie derselben Methoden bei ihren Angriffen auf Berlin, Hamburg und Dresden, auf Tokio, Hiroshima und Nagasaki bediente. Nicht alle Städte haben sich der Herausforderung, die in ihrer Zerstörung lag, so entschlossen und geschickt gestellt wie Rotterdam. Indem man die alten Grundstücke zusammenlegte, wurde es möglich, das Zentrum (unten) für Geschäfts- und Wohnzwecke neuzuplanen. Vor dem Warenhaus (Der Bienenkorb) in der Bildmitte steht Naum Gabos großartige Konstruktionsskulptur, selber ein Zeugnis für die Tüchtigkeit und Kühnheit der Rotterdamer Werft, wo sie gebaut wurde, und für die Phantasie des leitenden Stadtplaners, der an diesem Punkt eine sichtbare Unterbrechung des Straßenbildes gefordert hatte. Die lange Reihe niedriger Gebäude im Hintergrund gehört zu der Lijnbaan, der Ladenpromenade. Dahinter steht eine Reihe von Wohnhochhäusern, deren leere Innenhöfe man durch eine freiere Bereichsanordnung und durch eine Auffüllung mit niedrigeren Gebäuden hätte verbessern können. Der Hauptzweck jedoch ist auf bewundernswerte Weise erreicht worden: die Stadt als Versammlungsort wiederherzustellen, wo eine Vielfalt von menschlichen Verrichtungen zusammengefaßt wird.

Oben: Zadkines Statue von Rotterdam am nahegelegenen Hafenbecken, wo ferne Kräne und Ladebäume die erhobenen Arme wiederholen. Foto Openbare Werken, Rotterdam.
Unten: Geschäftliches und politisches Zentrum von Rotterdam. Stadtplaner Cornelius van Traa. Aerophoto »Nederland«.

OLLAND-BOLIND

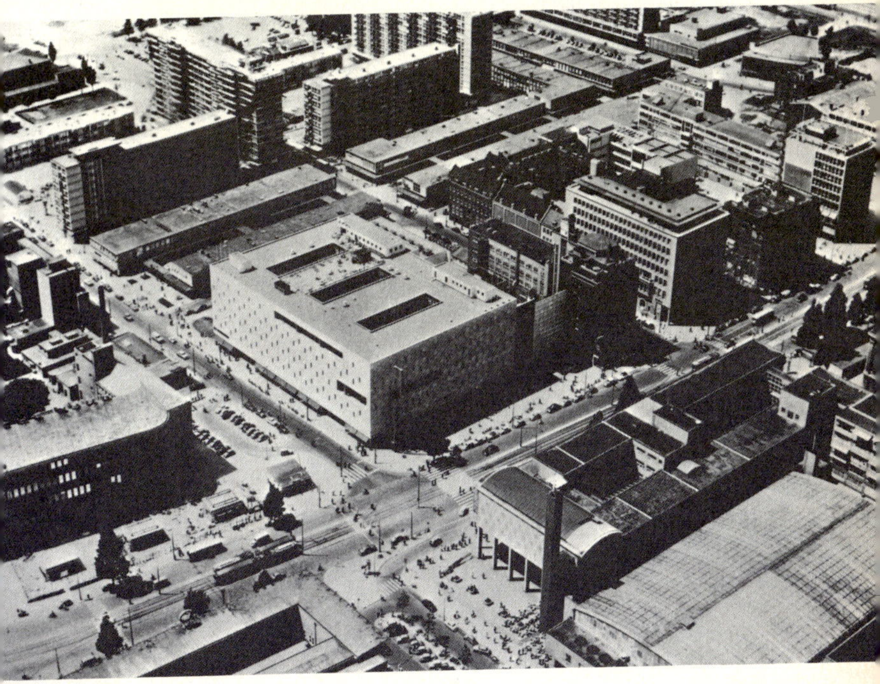

63 WIEDERGEBURT EINER STADT

Das Wort »Erneuerung« genügt kaum, um die Wiedergeburt Rotterdams zu beschreiben, doch reicht keine Fotografie und auch kein einzelnes Stadtbild oder Bauwerk aus, um die dabei zur Entfaltung kommenden Kräfte angemessen zu schildern. Zadkines Statue wird hier in ihrem lebendigen Zusammenhang gezeigt (oben), mit einem Teil des großen Hafens im Hintergrund. Das Denkmal hat man, wie es einer mit soviel schmerzlichen Gedanken beladenen Erinnerung geziemt, an einen etwas abgelegenen und schwer zugänglichen Ort gestellt, damit man es absichtlich besuche und nicht im täglichen Vorübergehen übersehe. Die Lijnbaan, erbaut aus bescheidenem Material, in bescheidenem Maßstab, um eine Vielzahl von kleineren Geschäften, Restaurants und Kinos aufzunehmen, ist in nahezu jeder Hinsicht mustergültig, nicht zuletzt deshalb, weil eine ihrer Promenaden bei dem erhalten gebliebenen Rathaus endet. Die Blumenbeete und Bänke (Mitte) mit dem von Glaswänden umrahmten Straßencafé unterstreichen ihre Bedeutung für Erholung und Geselligkeit, während der schmale Fußweg, gleich der Calverstraat in Amsterdam, das Einkaufen erleichtert. Anstatt einen aus der Stadt fliehen zu lassen, ladet der Kern des alten Rotterdam zur Wiederkehr ein. Solche Stadtkerne lassen sich aber nur dann lebendig erhalten, wenn sie sich aller Faktoren annehmen, die für das Leben der Stadt von Bedeutung sind. Es gibt jedoch viele dringende Probleme, so die Vorsorge für eine Zunahme der Bevölkerung und Vorbereitungen für den Frieden, welche die Kraft und die Aufgaben einer Stadt übersteigen. Dichte Bebauung kann das Bevölkerungsproblem so wenig mehr lösen, wie unterirdische Schutzräume eine Stadt vor der Ausrottung durch Kern- und Bakterienwaffen bewahren können.

Oben: Plaza und Hafen.

Mitte: Lijnbaan, entworfen von Bakema und van der Broek. Blumenbeet als Bestandteil der Promenade.

Unten: Promenade mit verglastem Straßencafé. Foto Niederländischer Informationsdienst.

KLEIJKAMP

RESTAURANT
TEAROOM
RESTAURANT

64 BIENENSTOCK ODER STADT

Ob unsere wissenschaftliche Technologie für Zwecke des Lebens beherrscht oder geleitet oder ob das Leben reglementiert und unterdrückt werden soll, um der unaufhörlichen Ausweitung der Technologie zu dienen, ist eine der wichtigsten Fragen, die heute der Menschheit gestellt werden. Während der letzten fünfzig Jahre ist die westliche Zivilisation auf dem zweiten Wege ohne klare Überlegung, ja beinahe automatisch weit vorangekommen. Ihr Endergebnis muß dem untermenschlichen Bienenstock nahekommen, wie ihn hier eine Gruppe von japanischen Technikern als »das Supergemeinwesen des 24. Jahrhunderts« gezeichnet hat, in welchem alle Funktionen des menschlichen Organismus und der menschlichen Persönlichkeit von einer kollektiven Apparatur übernommen worden sind; dieser funktioniert als ein allumfassender Superorganismus und läßt die Menschen nur ein nebensächliches und zweckloses Dasein führen, wie treibende Zellen. Die »Studiengruppe für Lebensapparatur« sorgt dafür, daß »die Kontrollabteilung des Supermechanismus eine vieldimensionale gegenseitige Kontrolle ausübt, welche gewährleistet, daß das menschliche Leben überall auf der Erde voll warmer Solidarität und Harmonie ist«. Genau so! Gegen diesen Leben vortäuschenden Menschenhaufen, der so sinnreich darauf angelegt ist, die Wandlungen des Menschen durch einen letzten selbstmörderischen Sprung in einen im Superraum operierenden Supermechanismus zu vollenden, möchte ich den lächelnden Geist von Samuel Butlers »Erewhon« anrufen. Butler hat in seinem utopischen Roman vielleicht als erster das letzte Ziel einer entmenschten Technologie vorausgesehen: eine Welt, in welcher der Mensch nur als Teil einer Maschine tätig ist, um eine andere Maschine herzustellen. Setzt sich das Leben durch, so wird die Stadt der Zukunft die Eigenschaften haben, die heute nur wenige Städte haben, die aber dieses chinesische Bild vom Frühlingsfest darstellt: die endlosen Abwandlungen und Kombinationen, welche vielfältige Landschaften, vielfältige Berufe, vielfältige kulturelle Tätigkeiten und die vielfältigen persönlichen Eigenschaften der Menschen möglich machen. Nicht ein vollkommener Bienenstock, sondern eine lebendige Stadt.

Oben: Bild eines Supergemeinwesens. Artikel der Studiengruppe für Lebensapparatur in der Kokusai-Kentiku, Januar 1960.

Unten: Abbildung aus der Ch'ing ming Rolle. Sammlung A. W. Bahr, Fletcher Fund. The Metropolitan Museum of Art, New York. Eine kritische Untersuchung der vorherrschenden technokratischen Mythen und Dogmen findet sich in meinen Büchern *Art and Technics* und *The Transformation of Man,* in dem letzten vor allem in dem Kapitel über den nachgeschichtlichen Menschen.

Glossar

Im Text kommen einige Begriffe vor, die zuerst von Patrick Geddes vor einem Menschenalter formuliert worden sind. In meinem Buch *Technics and Civilization* werden sie ausführlich erläutert. Für Leser, die jenes Buch nicht kennen, gebe ich hier folgende Definitionen:

1. *Eotechnik:* Die Frühzeit der modernen Technik. Eine Wirtschaftsordnung, die Wind, Wasser und Holz als Energiequellen und Holz als wichtigstes Baumaterial benutzte. In Westeuropa vorherrschend vom 10. bis 18. Jahrhundert. Brachte vom 13. Jahrhundert an Fortschritte bei der Schiffahrt, Glasherstellung und in der Textilindustrie, vornehmlich durch verbreitete Kanalbauten und in der späteren Phase auch durch zunehmende Verwendung von Energie und Antriebsmaschinen.
2. *Paläotechnik:* Die Kohlen- und Eisenwirtschaft, die in der eotechnischen Periode bereits als Mutation (Hochofen und primitive Eisenbahn) bestand, dann aber im 18. Jahrhundert die Eotechnik zu verdrängen begann und zwischen 1850 und 1890 dominant wurde. Wichtigste Erfindungen: Dampfmaschine, Eisenbahn, Dampfschiff, Bessemerbirne und verschiedene automatische Einrichtungen in Spinnereien und Webereien. Bis ins letzte Viertel des 19. Jahrhunderts blieb die eotechnische Wirtschaftsordnung rezessiv bestehen.
3. *Neotechnik:* Die neue Wirtschaftsform, die in den achtziger Jahren des 19. Jahrhunderts einsetzte. Sie gründete sich auf die Verwendung von Elektrizität, Leichtmetallen (Aluminium), Kupfer und seltene Metalle oder Erden wie Tungsten, Platin, Thorium etc. Gewaltige Fortschritte bei der Nutzung von Energie, die ihren Höhepunkt in der Wasserturbine erreichten. Destruktive Kohleverflüssigung, vollständige Verwertung von Schrott und Abfällen. Fortschreitende Verbesserung und Automatisierung aller Maschinen. Wichtigste Erfindungen: elektrischer Transformator, Elektromotor, elektrisches Licht und elektrische Nachrichtenübermittlung durch Telegraf, Telefon und Rundfunk; ferner vulkanisierter Gummi und der Verbren-

nungsmotor. Gegenwärtig ist die Eotechnik ein Überrest, die Paläotechnik rezessiv und die Neotechnik dominant.

4. *Biotechnik:* Eine im Entstehen begriffene Wirtschaftsordnung, die sich bereits deutlich von der neotechnischen (rein maschinellen) Ordnung abhebt und auf eine Zivilisation hinweist, in welcher man die biologischen Wissenschaften in großem Umfang auf die Technologie anwenden wird, welche selber auf die Erhaltung des Lebens gerichtet sein wird. Die wichtigsten Erfindungen sind auf der maschinellen Seite das Flugzeug, das Tongerät, der Film und moderne Empfängnisverhütungsmittel, die alle teilweise auf dem Studium lebendiger Organismen beruhen. Die Anwendung der Bakteriologie auf die Medizin und das Gesundheitswesen und der Physiologie auf das Ernährungswesen und die tägliche Lebensweise sind weitere Anzeichen dieser Ordnung; entsprechende Anwendung der Psychologie auf die Regelung des menschlichen Verhaltens in allen Bereichen ist deutlich wahrnehmbar. In der biotechnischen Ordnung werden die biologischen und sozialen Tätigkeiten dominant: Landwirtschaft, Medizin und Bildungswesen erhalten Vorrang vor der Ingenieurskunst. Anstatt daß man sich nur auf maschinelle Handhabung von Materie und Kraft verläßt, werden Fortschritte von einer mehr organischen Ausnutzung der gesamten Umwelt abhängen, und zwar gemäß den Bedürfnissen von Organismen und Gruppen in ihrer vielfältigen Verflechtung – physisch, biologisch, sozial, wirtschaftlich, ästhetisch und psychologisch.

Bibliographie

Bücher, die für das weitere Verständnis des Hauptthemas besonders wichtig sind, sind mit einem * gekennzeichnet. Ferner sind folgene Abkürzungen zu beachten:

AR: Architectural Review
JAIA: Journal of the American Institute of Architecture
JAIP: Journal of the American Institute of Planners
JRIBA: Journal of the Royal Institute of British Architects
JSAH: Journal of the Society of Architectural Historians
JTPI: Journal of the Town Planning Institute
TCP: Town and Country Planning
TPR: Town Planning Review

Abercrombie, Patrick, *Greater London Plan 1944*. London 1945
Enormer Fortschritt gegenüber allen früheren Plänen für großstädtische Räume. Gründet sich auf Vorstellungen von Gemeinschaftsplanung und auf das Verhältnis von Stadt und Land; deutlich erkennbar von Howards Vorschlägen abgeleitet und begabt weiterentwickelt. Der Einfluß auf die tatsächlich gebauten »New Towns« ist erkennbar.

—, *Ideal Cities. Victoria*. In »TPR«, März 1921
Zusammenfassung von James Silk Buckinghams Idealstadt, die auf Howard Einfluß hatte. Aus einer Reihe über Idealstädte von Abercrombie.

—, *Town and Country Planning*. New York 1933
Kurze Einführung.

Abercrombie, Patrick und J. H. Forshaw, *County of London Plan. Prepared for the London County Council*. London 1943
Eine Fülle von bewundernswert detaillierten Vorschlägen, jedoch entwertet, weil eine Voraussetzung nicht geprüft wurde: daß es nötig und wünschenswert ist, die Masse der derzeitigen Bevölkerung der Grafschaft London zu erhalten.

Abrams, Charles, *Revolution in Land*. New York 1939

Abrosimow, Pavel u. a. (Herausgeber), *Construction and Reconstruction of Towns: 1945 bis 1957*. 3 Bde. Moskau 1958
Zusammenstellung für den 5. Kongreß der Internationalen Architekten-Union; die beiden ersten Bände in Englisch und Russisch.

Ackermann, Phyllis, *The Symbolic Sources of Some Architectural Elements.* In »JSAH«, Dezember 1953. (Vgl. Lethaby)

Adams, Charles C., *The Relation of General Ecology to Human Ecology.* In »Ecology«, Juli 1935

Adams, Thomas, *Outline of Town and City Planning. A Review of Past Efforts and Modern Aims.* New York 1935

Enthält hauptsächlich englische Beispiele und Vorbilder.

—, *Regional Plan of New York and Its Environs.* Vol. II: *The Building of the City.* Siehe *Regional Survey of New York and its Environs.*

Addison, William, *English Spas.* London 1951

Air Pollution in Donara, Pa. Herausgegeben von »United States Public Health Service«. In »Public Health Bulletin«, Nr. 306. Washington 1949

* Alberti, Leone Battista, *Zehn Bücher über die Baukunst.* Florenz 1485. Übersetzt von Max Theuer. Leipzig 1912.

Das hervorragendste theoretische Werk vor Camillo Sitte. Mit seiner dauernden Betonung der natürlichen Verhältnisse und der funktionalen Erfordernisse biologischer und ökonomischer Art ist diese Abhandlung eher eine Darlegung mittelalterlicher Ideen in der Sprache der Renaissance als ein Ausdruck der Vorstellungen von der Reglementierung von Menschen und Raum.

* Albright, W. F., *The Archaeology of Palestine.* Harmondsworth 1956, 1. Ausg. 1949

—, *Von der Steinzeit zum Christentum.* Übers. von Irene Lande. München 1949.

Meisterhaft in jeder Hinsicht.

Alexandersson, Gunnar, *The Industrial Structure of American Cities. A Geographic Study of Urban Economy in the United States.* Lincoln, Neb. 1956

Alihan, Milla Aissa, *Social Ecology. A Critical Analysis.* New York 1938

Obwohl die Darstellung kritisch ist, verweilt der Verfasser allzusehr bei dem ziemlich engen Gebiet, das die Chicagoer Schule für sich beansprucht.

Allee, Warder Clyde, *Animal Aggregations. A Study in General Sociology.* Chicago 1931

—, *Animal Life and Social Growth.* Baltimore 1932

Allen, Edith Louise, *American Housing as Affected by Social and Economic Conditions.* Peoria 1930

Eine Skizze, die noch der Ausführung bedarf.

Allen, George Cyril, *The Industrial Development of Birmingham and the Black Country 1860—1927.* Mit Abbildungen. London 1929

Wichtige paläotechnische Daten.

d'Ambrosio, Raffaele, *Alle origini della città. Le prime esperienze urbane.* Neapel 1956

Das erste Buch, das seit Fustel de Coulanges ausführlich die Ursprünge der Stadt behandelt und die vorhandenen Daten zusammenstellt.

Andersen, Hendrik Christian, *Creation of a World Center of Communication.* 4 Teile in 2 Bänden. Paris 1913—1918

Ein erster Versuch, sich die Organe einer Weltkultur vorzustellen.

Anderson, William (Herausgeber), *Local Government in Europe.* New York 1939

Andrae, W., *Das wiedererstandene Assur.* Leipzig 1938

Andreä, Joh. Valentin, *Die Christburg.* 1626, Neudruck 1836

Eine spätmittelalterliche Utopie, besonders interessant durch ihre Hinweise auf Städte.

* Aristoteles, *Politik.* Übers. von Eugen Rolfes. Hamburg 1958

Die *Politik* lohnt immer noch eine eingehende Lektüre wegen ihrer Methodologie und ihrer staatsbürgerlichen Einsicht.

Armillas, Pedro, *Meso-American Fortification.* In »Antiquity«, Juni 1951

Aronovici, Carol, *Community Building. Science, Technique, Art.* New York 1956
Ein umfassendes Handbuch nach den Maßstäben der amerikanischen Praxis.

Ashby, Thomas, *The Capitol, Rom. Its History and Development.* In »TPR«, Juni 1927.

Ashby, Thomas und S. Rowland Pierce: *The Piazza del Popolo:* Rome. In »TRP«, Dezember 1927

Astengo, Giovanni, *Town and Regional Planning in Italy.* In »TRP«, Juli 1952

Atkinson, William, *The Orientation of Buildings or Planning for Sunlight.* New York 1912

Atlas portraitif ou le théâtre de la guerre en Europe. Contenant des cartes géographiques avec le plan des villes et forteresses les plus exposées aux révolutions présentes. Amsterdam 1702

* Auzelle, Robert, Encyclopédie de l'urbanisme. Paris 1950
Großartige Sammlung von Photographien und Plänen in einer Reihe von Faszikeln, die gewöhnlich einzelne Elemente zeigen, manchmal aber auch ganze Pläne und Ansichten. Besonders wertvoll, weil alle Zeichnungen den gleichen Maßstab haben und daher vergleichbar sind. Die Auswahl ist weitgespannt, aber unsystematisch und widmet vielleicht verhältnismäßig unwichtigen neuen Arbeiten zuviel Aufmerksamkeit.

* d'Avenel, Baron Georges, *Histoire économique de la propriété des salaires, des denrées et de tous les prix en général depuis l'an 1200 jusqu' au l'an 1800.* 7 Bde. in 6. Paris 1894—1926
Vgl. insbesondere Band VI, Buch V, 5. und 6. Kapitel.

—, *Histoire de la fortune française. La fortune privée à travers sept siècles.* Paris 1927
Vgl. 9. und 10. Kapitel über *Prix et loyers des maisons.*

Ayyar, C. P. Venkatarama, *Town Planning in Ancient Dekkan.* Mit einer Einleitung von Patrick Geddes. Madras o. J.
Der Verfasser stützt sich auf alte Tamil-Texte und schildert die Entwicklung der Städte in Südindien. Veranschaulicht den universalen Charakter der zuerst in Mesopotamien erkennbaren Anlage. Eine frühe Arbeit auf einem Gebiet, das dringend der Pflege bedarf.

Badawy, Alexander, *Orthogonal and Axial Town Planning in Egypt.* In »Zeitschrift für ägyptische Sprache und Altertumskunde«, Bd. 85, erstes Heft, Berlin 1960
Wertvoll. Vgl. auch Fairman, H. W.

Bailey, Francis A., *The Origin and Growth of Southport.* In »TPR«, Januar 1951

Balzac, Honoré de, *Le Cousin Pons.* Paris 1847

—, *Le Père Goriot.* Paris 1835
Zwei schöne Beispiele aus den »Scènes de la vie parisienne«. Nicht umsonst war, wie Brunetière betont, Balzac ein Zeitgenosse von Auguste Comte.

Bannister, Turpin, C., *Early Town Planning in New York State.* In »JSAH«, Januar bis April 1943

Barbour, Violet, *Capitalism in Amsterdam in the Seventeenth Century.* »The Johns Hopkins University Studies in Historical and Political Science«, Series LXVII, Nr. 1
Wertvoll. Vgl. Burke, Gerald.

Bardet, Gaston, *Mission de l'urbanisme.* Paris 1947

—, *Naissance et méconnaissance de l'urbanisme.* Paris 1951
Reich an historischen Angaben und Einsicht.

*—, *Pierre sur pierre, Construction du nouvel urbanisme.* Paris 1946
Solide, lebendige und humane Studien der Stadtplanung, die sich von Le Corbusiers Darlegungen abheben.

—, *Qui est-ce l'urbanisme?* Paris 1947
—, *L'urbanisme.* Paris 1947
Barlow, Sir Anthony Montague (Chairman), *Report of Royal Commission on Distribution of Industrial Population.* H. M. Stationary Office, London 1940
Ein staatsmännischer Beitrag, der entscheidenden Einfluß auf die Grundlegung der »New Towns«-Politik gehabt hat.
Bartholomew, Harland und Jack Wood, *Land Uses in American Cities.* Cambridge, Mass. 1955
Bates, Marston, *The Forest and the Sea. A Look at the Economy of Nature and the Ecology of Man.* New York 1960
Wird Planern und Verwaltungsbeamten empfohlen, welche die menschliche Ökologie verändern, ohne die Folgen ihres Eingreifens zu betrachten oder abzuschätzen.
Bauer, Catherine, *Economic Progress and Living Conditions.* In »TPR«, Januar 1954
—, *Housing in the United States.* In »International Labor Review«, Juli 1945
—, *Modern Housing.* Boston 1934
Zu gut, um nur wegen seiner zeitbedingten Begrenzung beiseite geschoben zu werden.
—, *Social Questions in Housing and Town Planning.* London 1952
Baxter, Sylvester, *Greater Boston. A Study for a Federalized Metropolis Comprising the City of Boston and Surrounding Cities and Towns.* Boston 1891
Klassischer Vorschlag für eine bündische Stadtorganisation, welche vorhandene örtliche Behörden beibehält und ausnutzt; eine Folge der Organisation des Londoner Grafschaftsrates. Wäre man Baxters rechtzeitiger Wegweisung gefolgt, so hätte Boston das so verheißungsvoll begonnene Werk großstädtischer Vereinheitlichung auf den Gebieten des Durchgangsverkehrs, der Wasserversorgung und der Parks vollenden können. Man beachte das Erscheinungsjahr.
Becatti, G. und G. Calza, *Ostia.* Rom 1955
Behrendt, Walter Curt, *Die einheitliche Blockfront als Raumelement im Stadtbau. Ein Beitrag zur Stadtbaukunst der Gegenwart.* Berlin 1911
—, *Die holländische Stadt.* Berlin 1928
—, *Modern Building. Its Nature, Problems, and Forms.* New York 1937
Bellamy, Edward, *Looking Backward. 2000—1887.* 1. Ausg. Boston 1888, Neuausg. Boston 1931
Teilweise eine Vorwegnahme der neotechnischen Stadtorganisation (mechanisch).
Bellet, Daniel und Will Darville, *Ce que doit être la cité moderne. Son plan, ses aménagements, ses organes, son hygiène, ses monuments et sa vie.* Paris 1914
Querschnitt durch anerkannte Verbesserungen vor dem Ersten Weltkrieg.
Beloch, J., *Antike und moderne Großstädte.* In »Zeitschrift für Sozialwissenschaften«, Breslau 1898
Below, Georg Anton Hugo von, *Das ältere deutsche Städtewesen und Bürgertum.* In »Monographien zur Weltgeschichte«, Bd. VI, Bielefeld 1898
—, *Die Entstehung des modernen Kapitalismus und die Hauptstädte.* In »Schmollers Jahrbuch«, XLII, 1, München 1919
Scharfe Kritik an Sombarts Stellungnahme in dessen 2. Auflage.
—, *Mittelalterliche Stadtwirtschaft und gegenwärtige Kriegswirtschaft.* In »Kriegswirtschaftliche Zeitfragen«, Tübingen 1917
—, *Aus Sozial- und Wirtschaftsgeschichte. Gedächtnisschrift für Georg von Below.* Stuttgart 1928.
Vgl. Aufsätze von Hapke und Schneider.

Bennett, H. S., *Life on the English Manor. A Study of Peasant Conditions, 1150—1400.* Cambridge 1948
(Vgl. das Kapitel über die Stadt als *Straße zur Freiheit.)*
Bennett, John W. und Melvin M. Tumin, *Social Life. Structure and Function. An Introductory General Sociology.* New York 1952
Ein gutes Kapitel über die Stadt, doch fehlt eine Analyse der dynamischen sozialen Vorgänge: Grüßen, Treffen, Arbeiten, Versammeln, Aufzeichnen, Aufbewahren, Feiern usw.
Benoit, Fernand, *Avignon. Au double visage.* Paris 1940
Benoit-Levy, Georges, *La ville et son image.* Paris 1910
Bent, T. J. van der, *The Problem of Hygiene in Man's Dwellings.* New York 1920
Bérard, Jean, *L'expansion et la colonisation grècque jusqu'aux guerres médiques.* Paris 1960
Vortrefflich. Teil einer größeren Arbeit, die infolge des Todes unvollendet geblieben ist.
Beresford, Maurice, *History on the Ground. Six Studies in Maps and Landscapes.* London 1957
Beresford, M. W. und J. K. S. St. Joseph, *Medieval England. An Aerial Survey.* Cambridge 1958
Berlepsch-Valendàs, *Die Gartenstadtbewegung in England.* München 1911
Zeugt ebenso wie Kampffmeyers Arbeit von dem starken Eindruck, den die Gartenstadtbewegung in einem einzigen Jahrzehnt gemacht hat.
Bernoulli, Hans, *Die Stadt und ihr Boden.* Erlenbach-Zürich 1946
Blanchard, Raoul, *Annecy. Etude de géographie urbaine.* Annecy 1917
Beide Arbeiten sind Musterbeispiele für die große französische Schule der Stadtgeographie.
—, *Grenoble. Etude de la géographie urbaine.* 3. Aufl. 1935
Blanckenhagen, Peter H. von, *The Imperial Fora.* In »JSAH«, Dezember 1954
Blomfield, Reginald, *Sébastien le prêtre de Vauban. 1633—1707.* London 1938
Wesentlich zum Verständnis der Stadtplanung im 17. Jahrhundert.
Blumenfeld, Hans, *Form and Function of Urban Communities.* In »JSAH«, Januar bis April 1943
—, *Russian City Planning of the 18th and Early 19th Centuries.* In »JSAH«, Januar 1944
—, *Scale of Civic Design.* In »TPR«, April 1953
—, *Theory of City Form.* In »JSAH«, Juli bis Dezember 1949
Blumenfelds Arbeiten sind durch ihr theoretisches und praktisches Verständnis hervorragend.
Boekle, Erich und Werner Lindner, *Die Stadt. Ihre Pflege und Gestaltung.*
Bogue, Donald J., *Metropolitan Growth and the Conversion of Land to Non-Agricultural Uses.* Chicago 1956
—, *Population Growth in Standard Metropolitan Areas,* 1900—1950. Washington 1953
—, *The Structure of the Metropolitan Community. A Study of Dominance and Subdominance.* Ann Arbor 1950
Boëthius, Axel, *The Golden House of Nero.* New York 1960
Bolkestein, H., *Het economisch leven in Griekenlands bloeitijd.* Leiden 1923
Bonner, Robert J., *Aspects of Athenian Democracy.* Berkeley 1933
Booth, Charles, *Life and Labour in London.* 17 Bde. London 1889—1902
Booth, Charles u. a., *New Survey of London Life and Labour.* I—IV London 1930—1933
Bossert, H. Th., und W. Zschietzschmann, *Hellas and Rome. The Civilization of Classical Antiquity.* New York 1936
Mit 575 Abbildungen, die zum Teil in ähnlichen Werken nicht vorhanden sind.

Botero, Giovanni, *A Treatise Concerning the Causes of the Magnificence and Greatness of Cities.* Engl. Übers. London 1606

Bowra, Sir Maurice u. a., *Golden Ages of the Great Cities.* New York 1952
Historische Miniaturen, teilweise vorzüglich, vor allem Runciman über Konstantinopel.

Bradford, John, *Ancient Landscapes. Studies in Field Archaeology.* London 1957
Viel über antike Stadtanlagen, wie sie die Luftphotographie zeigt.

Braidwood, Robert, J., *Jericho and Its Settings in Near Eastern History.* In »Antiquity«, XXXI, 1957
Teil einer »qualvollen Überprüfung«, die zu einer angemessenen Unterscheidung der Stadien städtischen Wachstums führt.

—, *The Near East and the Foundations of Civilization.* »Condon Lectures«. Eugene, Ore. 1952

—, *Near Eastern Prehistory.* In »Science«, 20, Juni 1958
Sorgfältige Studie des Übergangs von nahrungsammelnden zu dörflichen Bauerngemeinwesen.

Branford, Victor V., *Civics and Eugenics. An Introduction to the Science of Sociology.* London 1909

—, *The Drift to Revolution.* London 1919
Eines der von Branford herausgegebenen »Papers for the Present«. Glänzend.

—, *Outlines of the Sociology of London. An Introduction to the Study of Social Science.* London 1908
Bahnbrechende Vorlesungen von Geddes' bedeutenden Kollegen.

—, *Sociological View of Westminster.* In »Sociological Review«, Juli 1930

—, *Westminster. Spiritual and Temporal.* London 1920
Immer noch anregend.

Branford, Victor V. und Patrick Geddes, *The Coming Polity.* London 1917

—, *Our Social Inheritance.* London 1919
Branfords Kapitel über Westminster ist aufschlußreich. Meine Wanderungen mit Branford durch Westminster 1920 haben Spuren in meinem ganzen späteren Denken hinterlassen.

* Braunfels, Wolfgang, *Mittelalterliche Stadtbaukunst in der Toskana.* Berlin 1953
In vieler Hinsicht die beste Monographie über die mittelalterliche Stadt. Gründet sich auf Originaldokumente und umfaßt viele andere Dinge außer der Stadtbaukunst, doch findet die Entwicklung des Plans als Ganzes zu wenig Beachtung. Das führt vielleicht zu einer allzu starken Betonung der Rolle, die der Dombaumeister als allgemeiner Stadtbaumeister gespielt hat.

Breasted, James Henry, *The Conquest of Civilization.* New York 1926
Immer noch eine gute allgemeine Einführung in die Kulturen der Antike. Als Lehrbuch geschrieben, bedarf es natürlich einer Überholung im Licht der wichtigsten Arbeiten der letzten Generation.

—, *The Dawn of Conscience.* New York 1938
Wichtige Analyse der Moralisierung der Macht in Ägypten, die zu neuen Vorstellungen von Recht, Gerechtigkeit und Rechtschaffenheit führte.

Bredius, Abraham u. a., *Amsterdam in de Zeventinde Eeuw.* 3 Bde. s'-Gravenhage 1897 bis 1904

Breton, Nicolas, *The Court and the Country.* London 1618

Brett-James, N. G. und M. B. Honeybourne, *Precincts and Trade Quarters.* In »AR«, November 1946

Bridenbaugh, Carl, *Cities in the Wilderness. The first Century of Urban Life in America, 1625—1742*. New York 1938

—, *Cities in Revolt. Urban Life in America, 1743—1776*. Bd. II. New York 1950
Vortreffliche Arbeit, doch leider schwach bezüglich der äußeren und ästhetischen Seiten. Enthält wichtige Angaben über die frühe Stadtflucht.

Briggs, Martin S., *Town and Country Planning*. London 1948

Brinckmann, A. E., *Deutsche Stadtbaukunst in der Vergangenheit*. 2. verb. Aufl. Frankfurt /Main 1921

Brugmans, H. und C. H. Peters, *Oud-Nederlandsche Steden in Haar Onststaan, Groei en Ontwikkeling*. 3 Bde. Leiden 1909—1911

* Brunhes, Jean, *La géographie humaine*. Paris 1920
Ein klassisches Werk.

Buber, Martin, *Pfade in Utopia*. Heidelberg 1950

Buchanan, C. D., *Mixed Blessing. The Motor Car in Britain*. London 1958
Nüchterne Beurteilung. (Eine mehr satirische Abhandlung bringt John Keats' *The Insolent Chariot*.)

Bücher, Karl, *Die Bevölkerung der Stadt Frankfurt am Main im 14. und 15. Jahrhundert*. Tübingen 1886
Statistiken über Berufe und Allgemeines. Wichtig als Einführung zur allgemeinen städtischen Statistik.

—, *Die Großstadt. Vorträge und Aufsätze zur Städteausstellung*. Dresden 1903

Buckingham, James Silk, *National Evils and Practical Remedies*. London 1849
Enthält den Plan einer Musterstadt, der Howard beeinflußt hat.

Buer, Mabel Craven, *Health, Wealth and Population in the Early Days of the Industrial Revolution*. London 1926
Verzerrtes Bild des mittelalterlichen Gesundheitswesens und irreführend in seiner Auslegung der späteren paläotechnischen Industrie; aber nützlich als Schilderung des vornehmlich eotechnischen Interregnums.

Bunin, H., *The Reconstruction of Urban Centers*. In »AR«, Mai 1947

Bunting, Bainbridge, *The Plan of the Back Bay Area in Boston*. In »JSAH«, Mai 1954

Burckhardt, Jakob, *Die Kultur der Renaissance in Italien*. 15. Aufl. Leipzig 1926
Immer noch bedeutungsvoll, aber nicht mehr ausreichend. Während der begriffliche Kern nicht standhielt, regte es zu neuem Verständnis an.

Burgess, Ernest W. u. a., *Environment and Education*. »Supplementary Educational Monographs«, Nr. 54, Chicago 1942

—, *The Urban Community*. Chicago 1927

Burke, Gerald L., *The Making of Dutch Towns. A Study in Urban Development from the Tenth to the Seventeenth Centuries*. London 1956
Längst benötigt und vorzüglich geschrieben.

Burke, Thomas, *The English Townsman. As He Was and as He Is.*. London 1946

Burnham, Daniel H. und Edward H. Bennett (Herausgeber Charles Moore), *Plan of Chicago*. Chicago 1909

Bushnell, Horace, *Work and Play*. New York 1864
Ansprache über Stadtpläne vor der Public Improvement Society von Hartford. Siehe S. 308—336. Man beachte das Erscheinungsjahr.

Bylinkin, N., *Reconstruction and Housing*. In »AR«, Mai 1947
Interessanter russischer Beitrag.

Cacheux, Emile, *Etat des habitations ouvrières à la fin du XIXe siècle*. Paris 1891

Cadoux, G., *La vie des grandes capitales. Etudes comparatives sur Londres-Paris-Berlin-Vienne-Rome.* 2. Aufl. Paris 1913

Caemmerer, H. P., *Washington. The National Capital.* Washington 1932

Calza, Raissa und Ernest Nash, *Ostia.* 163 Tafeln

Campbell, Argyll und Leonhard Hill, *Health and Environment.* London 1925 (IV, V.)
Bisher eines der besten Bücher über ein noch ungenügend erforschtes Thema.

Carcopino, Jerome, *Das Alltagsleben im alten Rom zur Blütezeit des Kaisertums.* Wiesbaden 1950

Carden, Robert Walter, *The City of Genoa.* London 1908

Carne, Elizabeth T., *Country Towns and the Place They Fill in Modern Civilization.* London 1868

Carol, Hans und Max Werner, *Städte, wie wir sie wünschen. Ein Vorschlag zur Gestaltung schweizerischer Großstadtgebiete, dargestellt am Beispiel von Stadt und Kanton Zürich.* Zürich 1949
Scharfsinnige Analyse des Wachstums eines großstädtischen Bereichs mit konstruktiven Vorschlägen für eine ordentlichere und befriedigendere Entwicklung. Ausgehend von Zürich, hat es jedoch weitere Bezüge.

Carrier, Robert und Oliver Lawson Dick, *The Vanished City. A Study of London.* London 1957
Wiedergabe alter Stiche mit Anmerkungen.

Carrington, R. C., *Pompeji.* Oxford 1936
Gedrängte Beschreibung dieser guterhaltenen Ruinen mit Plänen. (Vgl. Maiuri.)

Cerda, Ildefonso, *Teoría general de la urbanisacíon.* Madrid 1867

Chadwick, Edwin, *Report on the Sanitary Condition of the Labouring Population of Great Britain.* London 1842
Klassische Zusammenfassung der paläotechnischen Schrecken. Eifrige Verteidiger dieser Periode haben es mit Fleiß übersehen oder abgewertet.

Chadwick, Edwin, (Hrsg. B. W. Richardson), *The Health of Nations.* 2 Bde., London 1887
Zusammenfassungen und Auszüge aus Chadwicks zahlreichen Aufzeichnungen.

Champdor, Albert, *Babylon.* New York 1958
Vorzüglich. Zweiter Band einer nützlichen neuen Reihe über antike Städte und Tempel.

Chancellor, Edwin Beresford, *The History of the Squares of London. Topographical and* Historical. London 1907

—, *The Pleasure Haunts of London during Four Centuries.* New York 1925
Eine Fülle wertvoller Angaben.

Chapman, Brian und J. M., *The Life and Times of Baron Haussmann. Paris in the Second Empire.* London 1957

Chapman, Edmund H., *City Planning under Industrialization, The Case of Cleveland.* In »JSAH«, Mai 1953

Childe, V. Gordon, *Cave Men's Buildings.* In »Antiquity«, März 1950
Bericht über Gorodtsows Entdeckung eines frühsteinzeitlichen Weilers mit Gebäuden.

*—, *Man Makes Himself.* London 1936
Childe gab den umfassenden Veränderungen, die etwa 3000 v. Chr. stattfanden, den Namen »Die städtische Revolution«. Unter Archäologen zeichnete er sich dadurch aus, daß er im Gegensatz zu denen, welche die Stadt vor Häusern und Kunstbauten nicht sehen konnten, die Stadt als Ganzes behandelt hat. Vielleicht hat er aber die technischen und wirtschaftlichen Faktoren überschätzt und nicht genug mit der aktiven Rolle der Religion gerechnet.

—, *Prehistoric Communities of the British Isles.* London 1940
—, *What Happened in History.* Harmondsworth 1942
Gedrängter Überblick über das Wachstum antiker Zivilisationen.
—, *Progress in Archaeology.* London 1944
—, *The Dawn of European Civilization.* 6. verb. Aufl. New York 1958
*—, *The Urban Revolution. In »TPR«,* April 1950
Konzentrierte, aber ungemein konkrete Deutung des Ursprungs der Stadt, wobei besonders das Seßhaftwerden der früher nomadischen spezialisierten Handwerker hervorgehoben wird, während die Rolle der Zitadelle nur flüchtig erwähnt wird. (Ausgezeichnet, vgl. aber Frankfort.)
Chombart de Lauwe, Paul H. u. a., *Paris et l'agglomération parisienne.* 2 Bde., I. *L'espace social dans une grande cité.* II. *Méthodes de recherches pour l'étude d'une grande cité.* Paris 1952
Vorzüglich nach Umfang und Methode.
Chroniken der deutschen Städte vom 14. bis ins 16. Jahrhundert. Lübeck. 5 Bde. Abschriften von Originalchroniken. Hrsg. von der Königl. Akademie der Wissenschaften, Historische Abteilung, München, Leipzig 1884—1911
Es gibt ebenso umfangreiche Chroniken anderer Städte.
Churchill, Henry S., *The City Is the People.* New York 1945
Clapham, John Harold, *An Economic History of Modern Britain.* 2 Bde, Cambridge 1930 bis 1932
Korrigiert ungünstige einseitige Berichte, ist jedoch in seinem allzu bemühten Optimismus selber einseitig.
Clark, J. G. D., *Prehistoric Europe. The Economic Basis.* London 1952
Clarke, Maude Violet, *The Medieval City State. An Essay on Tyranny and Federation in the Later Middle Ages.* London 1926
Clay, Rotha Mary, *The Medieval Hospitals of England.* London 1909
Collins, George R., *The Ciudad Lineal of Madrid.* In »JSAH«, Mai 1959
—, *Linear Planning throughout the World.* In »JSAH«, Oktober 1959
Colvin, Brenda, *Land and Landscape.* London 1948
Nützlich als einführende Erörterung.
Commelin, Caparus, *Beschrijvinge van Amsterdam.* 2 Bde. Amsterdam 1693—1694
Conurbation, A Planning Survey of Birmingham and the Black Country. Hrsg. von »West Midland Group«. London 1948
Constans, L. A., *Arles Antique.* In »Bibliothèque des écoles françaises d'Athènes et de Rome«, Nr. 119, Paris 1921
Conteneau, Georges, *Everyday Life in Babylon and Assyria.* New York 1954
Cooley, Charles, *Human Nature and the Social Order.* Verb. Aufl. New York 1922
Einer der klügsten amerikanischen Soziologen.
—, *Social Organization. A Study of the Larger Mind.* New York 1909
Betont die Rolle der Urgruppe.
Coolidge, John, *Mill and Mansion. A Study of Architecture and Society in Lowell, Massachusetts, 1820—1850.* New York 1942
Hauptsächlich ästhetisch orientiert, jedoch nützlich als Beitrag zur Geschichte und Stadtplanung der Fabrikepoche.
Coon, Carleton S., *The Story of Man. From the First Human to Primitive Culture and Beyond.* New York 1954
Coppolani, Jean, *Le réseau urbain de la France. Sa structure et son aménagement.* Paris 1959

Coste-Messelière, Pierre de la, *Delphes.* Paris 1957
Georges de Mires 246 Fotos von Delphi sind großartig und zeigen Dinge, die der Besucher nur selten sieht.
Coulborn, Rushton, *The Origin of Civilized Societies.* Princeton 1959
Ein wichtiges Problem unzulänglich dargestellt.
Coulton, George Gordon, *Medieval Panorama.* Cambridge 1939
Im allgemeinen gut, nicht zuletzt in der Schilderung der englischen Landstadt im Mittelalter; folgt vielleicht allzu genau Maitlands Spur.
—, *The Medieval Village. Cambridge 1925*
Behandelt nicht Anlage oder äußere Erscheinung.
Counaert, Emile, *Les gildes médiévales (V—XIV siècle).* In »Revue Historique«, Januar bis März und April—Juni 1948
Court, W. H. B., *The Rise of the Midland Industries 1600—1838.* London 1939
* Creutzburg, Nikolaus, *Kultur im Spiegel der Landschaft. Das Bild der Erde in seiner Gestaltung durch den Menschen. Ein Bilderatlas.* Leipzig 1930
Ausgezeichneter Bildband, den jeder Planer als Hintergrund benutzen sollte. (Vgl. aber neuere Arbeiten von Chombart de Lauwe und Gutkind.)
Crowe, Sylvia, *Tomorrow's Landscape.* London 1956
Vorzüglich als Einführung.
—, *The Landscape of Power.* London 1958
Behandelt das schwierige ästhetische Problem von Kraftwerken, Pylonen und Flughäfen.
Crozet, R., *Une ville neuve du XVIe siècle. Vitry-le-François.* In *»La vie urbaine«*, August und Oktober 1923
Curie-Seimbres, M. A. *Essai sur les villes fondées dans le sud-ouest de la France aux XIII et XIV siècles sous le nom générique de bastides.* Toulouse 1880
Bahnbrechende Arbeit. (Vgl. Tout.)
Dahir, James, *The Neighborhood Unit Plan. Its Spread and Acceptance. A Selected Bibliography with Interpretative Comments.* New York 1947
Wertvoll.
—, *Region Building.* New York 1935
Aufschlußreiche Interpretation des Tennessee Valley und der TVA.
D'Ambrosio, Raffaele, *Alle Origini della Città.* Le prime esperienze urbane. Neapel 1956
Das erste Buch, das seit Fustel de Coulanges ausführlich die Ursprünge der Stadt behandelt und die vorhandenen Daten zusammenstellt.
Dasman, Raymond F., *Environmental Conservation.* New York 1959
Davidsohn, Robert, *Geschichte von Florenz.* 4 Bde. in 8. Berlin 1896—1927
Eine erschöpfende Arbeit.
Davis, William Stearns, *A Day in Old Rome.* New York 1925
Lehrbuch, das aber die Quellen gut auswertet.
Defoe, Daniel, *The Complete English Tradesman.* 4. Aufl. London 1738, auch 2 Bde. London 1726—1732
DeForest, Robert Weeks und Lawrence Veiller, *The Tenement House Problem.* 2 Bde. New York 1903
Delcourt, Marie, *Les grands sanctuaires de la Grèce.* Paris 1947
Nicht so gut wie Dempsey, aber umfangreicher.
Demangeon, A., *Paris. La ville et sa banlieue.* Paris 1933
Dempsey, T. (Bearbeiter), *The Delphic Oracle. Its Early History, Influence, and Fall.* Oxford 1918

Dewhirst, Robert K., *Saltaire*. In »TPR«, Juli 1960

Dickens, Charles, *Hard Times*. London 1854
Klassisches Gemälde von Coketown.

—, *Sketches by Boz*. London 1836
Hier und in seinen späteren Erzählungen hat Dickens viele wertvolle Londoner Bilder festgehalten. (Vgl. Mayhew.)

Dickinson, Robert E., *The West European City*. London 1951

Diedrichs, Eugen, *Deutsches Leben der Vergangenheit in Bildern. Ein Atlas mit 1760 Nachbildungen*. 2 Bde. Jena 1908
Anschauliche deutsche Sozialgeschichte, äußerst lohnend für jeden, der außer Buchstaben auch Bilder zu lesen versteht.

Dill, Samuel, *Roman Society. In the Last Century of the Western Empire* 2. verb. Aufl London 1899

—, *Roman Society. From Nero to Marcus Aurelius*. London 1905
Meisterhaft.

Dobriner, William M. (Herausgeber), *The Suburban Community*. New York 1958
Repräsentative Sammlung von Aufsätzen, hat jedoch wie der größte Teil der heutigen amerikanischen Soziologie nur die Perspektive einer Generation und besitzt noch keinerlei Verständnis für die äußeren Erscheinungen eines Gemeinwesens. (Vgl. Douglass, Harlan Paul.)

Dodd, George, *Days at the Factories, or, the Manufacturing Industry of Great Britain Described*. Series I. London 1843

Dohlmann, Robert von, *Aus Altertum und Gegenwart*. München 1911
Besonders 5. Kapitel.

Doob, Leonhard W., *The Plans of Men*. New Haven 1940

Dopsch, Alfons, *Wirtschaftliche und soziale Grundlagen der europäischen Kulturentwicklung aus der Zeit von Caesar bis auf Karl den Großen*. Wien 1923—1924
Zwar hat S. W. Maitland bereits vor der Mitte des 19. Jahrh. angefangen, das üble herkömmliche Bild vom dunklen Mittelalter zu berichtigen, doch leitete Dopschs Überprüfung des Beweismaterials eine neue Epoche ein. Er betont die vorkarolingische Kontinuität, neigt jedoch dazu, die nachkarolingische Lücke zu unterschätzen.

Dorau, Herbert B. und A. G. Hinman, *Urban Land Economics*. New York 1928
Umfassend, aber konventionell.

Doty, Duane, *The Town of Pullman. Its Growth with Brief Accounts of Its Industries*. Pullman, Ill. 1893

Dougill, Wesley, *Wythenshawe. A Modern Satellite Town*. In »TPR«, Juni 1935
Barry Parkers bahnbrechende Anwendung der Nachbarschaftsplanung in Wythenshawe ist nicht genügend beachtet worden.

Douglass, Harlan Paul, *The Little Town. Especially in Its Rural Relationships*. New York 1919

—, *The Suburban Trend*. New York 1925
Eine der frühesten Arbeiten. Nützlich für die vergleichende Beurteilung der vorstädtischen Verhältnisse und der Unterschiede der soziologischen Methode innerhalb einer Generation.

Doxiadis, K. A., *The Greek City Plan*. In »Landscape«, Herbst 1956

—, *Raumordnung im griechischen Städtebau*. Berlin 1938
Vielleicht der erste Versuch, den Grundsätzen des räumlichen Entwurfs in der griechischen Planung gerecht zu werden.

—, *The Science of Ekistics.* In »Architektoniki«, Januar—Februar 1959

Dubash, Peshoton S. G., *Hygiene of Town Planning and Vegetation.* London 1919

Du Camp, Maxime, *Paris. Ses organes, ses fonctions et sa vie dans la seconde moitié du XIXe siècle.* 6 Bde. 6. Aufl. Paris 1875
Eines der wenigen umfassenden, wenngleich nicht erschöpfenden Werke über städtische Institutionen; beispielsweise werden kirchliche Institutionen übergangen. Besonders wertvoll durch vorzügliche historische Einführungen.

Duncan, Otis Daley und Albert J. Reiss jr., *Social Characteristics of Urban and Rural Communities, 1950.* In »The United States Census Monograph Series, New York 1956

Dunham, H. Warner und Robert E. Faris, *Mental Diseases in Urban Areas.* Chicago 1939

Dürer, Albrecht, *Unterricht zur Befestigung der Städte, Schlösser und Flecken.* Erste Ausgabe 1527. Auch Berlin 1840. Paris 1870

Dyos, H. J., *The Growth of a Pre-Victorian Suburb. South London, 1580—1836.* In »TPR«, April 1954
Wertvoll. Läßt den Mangel an solchen Arbeiten über die Zeit von 1836 bis 1936 erkennen.

Eberstadt, Rudolf, *Handbuch des Wohnungswesens und der Wohnungsfrage.* 4. Aufl. Jena 1920
Umfassende Darstellung.

—, *Die Spekulation im neuzeitlichen Städtebau.* Jena 1907
Antwort an die Volkswirtschaftler, die für den »freien Bodenmarkt« eintraten.

—, *Neue Studien über Städtebau und Wohnungswesen.*
I. *Städtebau und Wohnungswesen in Belgien. Wiener Wohnverhältnisse.* Jena 1912
II. *Städtebau und Wohnungswesen in Holland.* Jena 1914
III. *Die Kleinwohnungen und das städtebauliche System in Brüssel und Antwerpen.* Jena 1919
Wichtige Erörterung alter und neuer Wohnungstypen mit wertvollen Plänen spätmittelalterlicher Armenhäuser.

Ebert, Max (Herausgeber), *Reallexikon der Vorgeschichte.* Berlin 1924—1932
Enzyklopädische Quellensammlung der antiken Archäologie. Die Artikel über das Haus (2. Band) und die Siedlung (12. Band) sind wertvoll, aber der über die Stadt (12. Band) ist nahezu wertlos.

Egli, Ernst, *Flugbild Europas.* Zürich 1958
Großartige Luftaufnahmen von Landschaften und Städten.

* —, *Geschichte des Städtebaues.* Erster Band, *Die alte Welt.* Zürich 1959
Umfassend und eingehend. Füllt gewisse von Lavedan nur flüchtig behandelte Gebiete aus, ist jedoch bei der Beurteilung von Stadtplanungen weder so erschöpfend noch so reich bebildert.

Ehrenberg, Richard, *Capital and Finance in the Age of the Renaissance. A Study of the Fuggers and Their Connections.* New York o. J.
Erläutert wesentlich die Rolle, die Antwerpen, Lyon und Amsterdam als Handelsplätze in dieser Übergangszeit gespielt haben, insbesondere den Einfluß des freien Marktes unter Mitwirkung der Börse. (Vgl. Barbour, Violet.)

Eliade, Mircea, *Der Mythos der ewigen Wiederkehr.* Düsseldorf 1953

—, *Patterns in Comparative Religion.* Übersetzung von *Traité d'histoire des religions.* New York 1958
Das Kapitel über Heilige Stätten erschließt wesentlich das Verständnis von Gestalt und Auftrag der antiken Stadt.

—, *The Sacred and the Profane.* New York 1959

Eliot, Charles W. (»Committee of the American Society of Landscape Architects«), *Preservation of Open Spaces.* In »Landscape Architecture«, Januar 1958

Encyclopédie, ou dictionnaire raisonné des sciences, des arts et des métiers. Recueil de planches. 33 Bde. Paris 1751—1777
Wichtig sind die Abbildungen städtischen Lebens, zumal seiner industriellen Seite.

Engels, Friedrich, *Die Lage der arbeitenden Klasse in England.* Leipzig 1845
Ein günstigeres Bild gibt Clapham.

Engerand, Fernand, *Les amusements des villes d'eaux à travers les ages.* Paris 1936
Nützliche Beschreibung von Bade- und Kurorten.

The English Courtier and the Country Gentleman. Of Civil and Uncivil Life. London 1586

English Sanitary Institutions. Reviewed in Their Course of Development and in Some of Their Political and Social Relations. London 1890
Erschöpfend und vortrefflich.

* Ennen, Edith, *Frühgeschichte der europäischen Stadt.* Bonn 1953
Die beste Schilderung des romanischen Übergangs zur voll ausgebildeten mittelalterlichen Stadt.

Espinas, Georges, *Les origines du capitalisme. Bd. III. Deux fondations de villages dans l'Artois et la Flandre Française (X-XV siècles): Saint Omer.* Lannoy-du-Nord. Paris 1946
Bewundernswerter Versuch, den Stadtplan als Geschichtsquelle zu benutzen.

—, *La vie urbaine de Douai au moyen age.* 4 Bde. Paris 1913
Die beiden letzten Bände geben die geschichtlichen Beweise und Urkunden.

Esteve, Gabriel Alomar, *Teoria de la ciudad. Ideas fundamentales para un urbanismo Humanistas.* Madrid 1947

Etienne, Charles und John Liebault, *Maison Rustique, or the Countrey Farme.* London 1616

Evans, Arthur John, *The Palace of Minos.* London 1921—1935
Behandelt die Entdeckungen, welche die Geschichte Kretas neu erschlossen haben.

Evelyn, John, *Fumifugium or the Inconvenience of the Aer and Smoake of London Dissipated.* London 1661. Neudruck London 1933
Frühe Vorschläge, die dazu dienen sollten, ein Ärgernis zu beseitigen, das in London seit dem frühen Mittelalter bestanden hatte.

—, *London Revived. Consideration for Its Rebuilding in 1666.* (Herausgeber E. S. de Beer), Oxford 1938
Neudruck einer Fassung von »Londinium Redivivum«, Evelyns Vorschlägen, die London nach dem großen Brand »eine weit größere Schönheit, Bequemlichkeit und Prächtigkeit« wiedergeben sollten. Interessant sind nicht nur die drei als Alternativen gedachten Pläne als solche, die in regelmäßigen Abständen Pfarrkirchen vorsahen, sondern die Einzelheiten geben auch Aufschluß über das damalige Stadtleben mit seiner Unordnung und der beginnenden industriellen Häßlichkeit.

Evidence to Barlow Royal Commission. Herausgegeben von »Town and Country Planning Association« (später Garden City Association«). London 1938
Bringt die Gartenstadttheorie mit einer staatlichen Planungspolitik in Zusammenhang. Hat die Ergebnisse der Kommission beeinflußt.

Eyre, Edward (Herausgeber), *European Civilization. Its Origin and Development.* 7 Bde. Oxford 1935

Fairman, H. W., *Town Planning in Pharaonic Egypt.* In »TPR«, April 1949
Flüchtig, aber nützlich.

Fawcett, C. B., *A Residential Unit for Town and Country Planning.* London 1944
Feder, Gottfried, *Die neue Stadt.* Berlin 1939
Ferguson, William Scott, *Greek Imperialism.* Boston 1913
Umfassende politische Studie.
Fiennes, Celia, *The Journals of Celia Fiennes.* London 1949
Bemerkenswerte Skizzen und sogar eingehende Berichte über Orte und Städte von Lands End bis Scarborough mitsamt einer genauen Ansicht von Bath aus den Jahren 1685 bis 1698.
Final Report. Herausgegeben von »New York State Housing and Regional Planning Commission«. Albany 1926
Ein Markstein des Regionalismus in der amerikanischen Politik. Mit Clarence S. Stein als Vorsitzer und Henry Wright als Planungsberater unternahm die Kommission eine Reihe von wichtigen Untersuchungen, deren Ergebnis dieser Bericht war.
Finegan, Jack, *Light from the Ancient Past.* Princeton 1946
Fish, T., *The Cult of King Dung. During the Third Dynasty of Ur.* Manchester 1927.
Beweise für die Verehrung des Königs als Gottheit aus Lagasch, Umma, Dreben und Ur.
—, *The Palace of the Small State in the Political and Cultural History of Ancient Mesopotamia.* »Bulletin of John Rylands Library«, März 1944
Fisher, F. J., *The Development of the London Food Market 1540—1640.* In »Economic History Review«, April 1935
Fletcher, Joseph S., *Memorials of a Yorkshire Parish.* London 1917
Florence, Philip Sargant, *Economic Advantages and Disadvantages of Metropolitan Concentration.* In »Columbia Conference on the Metropolis and Modern Life«, New York 1954
Follett, Mary Parker, *Creative Experience.* New York 1924
Bahnbrechende Studie über autonome Gruppen.
Ford, James, u. a., *Slums and Housing. With Special Reference to New York City; History; Conditions; Policy.* 2 Bde. Cambridge, Mass. 1936
Fourastié, Jean, *Machinisme et bienêtre.* Paris 1951
Enthält kurze, aber scharfsinnige Analyse der heutigen Stadt.
Fourier, François Marie Charles, *Le nouveau monde industriel et sociétaire.* Bd. I, Paris 1829, Bd. II, Paris 1940
Ein Buch, dessen weitreichender Einfluß noch kaum richtig erkannt oder verstanden worden ist. Godins »Phalanstery in Guise« geht unmittelbar darauf zurück, und noch heute erzeugt es solche seltsame Nachkommenschaft wie Le Corbusiers »Maisons de l'unité d'habitation«
Fournel, Victor, *Le vieux Paris.* Tours 1887
* Fowler, W. Warde: *The City-State of the Greeks and Romans.* 16. Aufl. 1952
Immer noch wertvoll.
Frankfort, Henri, The Art and Architecture of the Ancient Orient. Baltimore 1955
*—, *The Birth of Civilization in the Near East.* Bloomington 1954
Als Darstellung und Deutung gleichermaßen hervorragend.
—, *The City of Akhenaten.* 3 Bde. London 1923
*—, Kingship and the Gods. A Study of Ancient Near East Religion as the Integration of *Society and Nature.* Chicago 1948
Glänzende Arbeit, reich an Einzelwissen und fruchtbaren Hypothesen. (Vgl. jedoch Hocart für eine weitere Deutung, welche die Ähnlichkeit verschiedener Deutungen herausarbeitet.)

*—, *Town Planning in Ancient Mesopotamia.* In »TPR«, Juli 1950
Zusammen mit den Artikeln von Childe und Fairman ist dies die beste Darstellung der antiken Stadt im Orient.

Franklin, Alfred Louis Auguste, *La vie privée autrefois. Arts et métiers, modes, moeurs, usages des Parisiens du XIIe au XVIIIe siècle.* 27 Bde. Paris 1887—1902.
Äußerst nützlich.

Freeman, Kathleen, *Greek City-States.* London 1950
Die Einzelgeschichte von neun Städten, von Thourici bis Byzanz.

Freeman, T. W., *Geography and Planning.* London 1958

Freeman, Edward und W. Hunt (Herausgeber), *Historic Town Series.* 11 Bde. London 1889—1893
Eine der ersten Regungen des Urbanismus, zu der es Parallelen in Deutschland, Holland und den USA gibt.

Friedländer, Ludwig, *Sittengeschichte Roms.* 4 Bde. Leipzig 1910
Die beiden ersten Bände enthalten mehr wichtige Angaben über die römische Stadt als irgendein anderes allgemeines Werk.

—, *Städtewesen in Italien im ersten Jahrhundert.* 1879

Friedmann, Georges (Herausgeber), *Villes et campagnes. Civilisation urbaine et civilisation rurale en France.* Paris 1953
Anregender vielseitiger Bericht über eine Soziologenkonferenz, die sich mit den historischen und zeitgenössischen Problemen von Stadt und Land beschäftigt, von denen viele von der Wissenschaft noch kaum aufgegriffen worden sind.

Fritsch, Theodor, *Die Stadt der Zukunft (Gartenstadt).* Leipzig 1912

Fry, E. Maxwell, *Chandigarh. The Capital of the Punjab.* In »JRIBA«, Januar 1955
Beschreibung von Le Corbusiers kühnem Plan für eine »New Town« nach den Grundsätzen von Radburn; viel aufschlußreicher als Brasilia.

* Fustel de Coulanges, Numa Denis, *Die antike Stadt.* Berlin 1907
Betont als erste Arbeit ausreichend die religiösen Grundlagen der Stadt und ist immer noch eine überragende Arbeit in der ganzen Literatur. Voll inhaltsreicher Bemerkungen, die weitere Überlegungen und Forschungen lohnen.

Gadd, C. J., *Ideas of Divine Rule in the Ancient East.* London 1948

—, *History and Monuments of Ur.*
Gründet sich auf Urkunden. (Vgl. auch Kramer und Woolley.)

Gaffney, M. Mason, *Urban Expansion — Will It Ever Stop?* In »United States Yearbook of Agriculture«, Washington 1958

Galpin, Charles Josiah, *Rural Relations of the Villages and the Small City.* In »University of Wisconsin Bulletin«, Nr. 411

—, *Social Anatomy of the Rural Community.* In »University of Wisconsin Bulletin«, Nr. 34

Ganshof, François Louis, *Etude sur le développement des villes entre Loire et Rhin au moyen age.* Brüssel 1943

Gantner, Joseph, *Die Schweizer Stadt.* München 1925
Grundformen der europäischen Stadt. Wien 1928
Verdienter, aber etwas zu formeller Versuch, die historischen Zusammenhänge der modernen städtischen Formen nachzuweisen.

Gardner, Edmund G., *The Story of Siena and San Gimignano.* London 1905
Eines der interessantesten Bücher in dieser lohnenden »Reihe über mittelalterliche Städte«.

Garnier, Tony, *Une cité industrielle.* Paris 1932
Dieses 1901—1904 entstandene Projekt ist zeitlich und dem Ziele nach eine Parallele zu Howards Gartenstadt und hatte in architektonischer Hinsicht den Vorzug, daß Garnier energisch und vernünftig moderne Formen verwendet. Es wurde jedoch verspätet veröffentlicht und dann von einer jüngeren Generation wiederentdeckt, die für die Idee eine Anerkennung beanspruchte, die in Wirklichkeit Howard gebührt. Garniers Arbeit ist eher mit Le Corbusiers zu vergleichen, dem es dank seines sozialen und humanen Verständnisses eindeutig überlegen ist.

—, *Etude pour la construction des villes.* Paris 1917

—, *Les grands travaux de la ville de Lyon.* Paris 1924

Garnier, Charles und A. Amman, *L'Habitation Humaine.* Paris 1892
Von einem »Historiker, der wenig von Architektur versteht, von einem Architekten, der wenig von Geschichte versteht« (Vorwort). Das Schwergewicht liegt natürlich auf dem Einzelhaus, doch ist es ein Schritt über Violette-le-Ducs *Die Wohnung des Menschen zu allen Zeiten* hinaus.

Garvan, Anthony, *Architecture and Town Planning in Colonial Connecticut.* New Haven 1951
Beispielhaft. Wirft ein bezeichnendes Licht auf den kolonialen Urbanismus im allgemeinen.

Gaskell, P., *Artisans and Machinery. The Moral and Physical Condition of the Manufacturing Population Considered with Reference to Mechanical Substitutes for Human Labour.* London 1836
Gaskell glaubt an die bestehende Ordnung und fällt ein vernichtendes Urteil über die frühe paläotechnische Industrie.

Geddes, Patrick, *Cities. Being an Introduction to the Study of Civics.* »University of London Extension Lectures Syllabus«, London 1907

*—, *Cities in Evolution.* London 1915, Neuausgabe London 1949
Die bekannteste und verbreitetste von Geddes Schriften über Städte. Besteht hauptsächlich aus verstreuten Aufsätzen, aber mit einheitlichem Gesichtspunkt. Die Ausgabe läßt einige typische Beiträge aus, nimmt aber anderes unveröffentlichtes Material auf.

—, *City Detoriation and the Need of City Survey.* In »Annals of the American Academy of Political and Social Science«, Juli 1909

—, *City Development. A Study of Parks, Gardens and Culture Institutes.* Edinburg 1904
Bericht an die Carnegie-Stiftung über die Entwicklung von Dunfermline. Steht am Anfang von Geddes' Laufbahn als Stadtplaner.

—, *The Civic Survey of Edinburgh,* Edinburgh 1911
Von den neunziger Jahren an befürwortete Geddes unermüdlich Stadtaufnahmen als Vorstufe einer vernünftigen Stadtplanung. Diese kleine Schrift lehrt, wieviel jemand, der etwas von der Sache versteht, in engem Rahmen unterbringen kann. (Vgl. auch Poete, Marcel.)

—, *Civics as Applied Sociology.* Teil I und II. In »Sociological Papers«, Teil I und II, London 1905—1906

—, *A Suggested Plan for a Civic Museum.* In »Sociological Papers«, Teil III, London 1907

—, *Town Planning in Patiala State and City.* Lucknow 1922

*—, *Town Planning Toward City Development. A Report to the Durbar of Indora.* 2 Bde. Indore 1918
Von 1914—1924 entwarf oder veränderte Geddes Pläne für etwa 50 Städte in Indien und Palästina. Der Bericht über Indore ist vollständigster Ausdruck seiner Methoden

als Stadtplaner und seiner soziologischen und philosophischen Ansichten. Besonders empfehlenswert der zweite Band, der sich mit den kulturellen Grundlagen beschäftigt.

Geddes, Patrick und Victor Brandford, siehe Branford

Geisler, Walter, *Die deutsche Stadt. Ein Beitrag zur Morphologie der Kulturlandschaft.* Stuttgart 1924

George, M. Dorothy, *London Life in the XVIII Century.* New York 1925
Gründlich dokumentiertes »Bild der Lebens- und Arbeitsbedingungen der ärmeren Klassen«.

George, Pierre, *La Campagne. Le fait rural à travers le monde.* Paris 1956

—, *La Ville. Le fait urbain à travers le monde.* Paris 1952
Ein umfassender Überblick über Städte. Mit repräsentativen Beispielen aus allen Teilen der Welt. Läßt durch seinen Erfolg wie auch durch seine Mängel das Bedürfnis nach einer Weltenzyklopädie der Städte entstehen.

George, Pierre u. a., *Etudes sur la banlieue de Paris.* Paris 1950

Gerard, P. (C. E.), *How to Build a City.* Designed for the consideration of founders of towns, architects, civil engineers, sanitary organizations, municipal authorities, builders and especially the managers of the various railroads to the Pacific. Philadelphia 1872

* Gerkan, Armin von, *Griechische Stadtanlagen.* Berlin 1924
Widmet sich besonders dem ordnungsmäßigen hellenistischen Plan, der Hippodamos zugeschrieben wird. Verfasser kontrastiert griechische Planung und Architekturvorstellungen mit der römisch-italienischen Ordnung. Die bisher scharfsinnigste und umfassendste Untersuchung, nachgerade meisterhaft. (Vgl. auch Wycherly und Roland Martin.)

Gerlach, Walter, *Die Entstehungszeit der Stadtbefestigungen in Deutschland. Ein Beitrag zur mittelalterlichen Verfassungsgeschichte.* In »Leipziger historische Abhandlungen«, Bd. 34, Leipzig 1913
Untersuchung verschiedener Stadt- und Dorfentwürfe des deutschen Mittelalters.

* Gibberd Frederick, *Town Design.* Erw. und verb. Aufl., New York 1960
Hervorragendes Buch eines anerkannten Architekten und Planers. Leistet für unsere Zeit, was Sitte und Unwin für die ihre geleistet haben, und verwendet historisches und zeitgenössisches Material. (Vgl. auch Rasmussen.)

Giedion, Sigfried, *Space, Time and Architecture; the Growth of a New Tradition.* 1. Aufl. 1941, 3. Aufl. 1954
Glänzend, der Autor geht allerdings mit den Tatsachen etwas sorglos um. Sein Urteil ist nicht immer genug fundiert.

Gierke, Otto von, *Politische Theorien des Mittelalters.*

—, *Naturrecht und Gesellschaftstheorie 1500—1800.* 2 Bde.
Aus »Das deutsche Genossenschaftsrecht«, einer der besten frühen Darstellungen der modernen soziologischen Gruppentheorie. (Vgl. Maitland, Follett und Cooley.)

Gilbert, William, *The City. An Inquiry into the Corporation, its Livery Companies, and the Administration of Their Charities and Endowments.* London 1877

Giovannoni, G., u. a., *L'urbanistica dall'antichita ad oggi.* Florenz 1943

Giry, A., *Histoire de la ville de Saint Omer.* Paris 1877
Wichtige Quelle für Angaben über »fortschrittliche Freiheiten« der mittelalterlichen Stadt.

Giry, A. und A. Reville, *Emancipation of the Medieval Towns. In* »Historical Miscellany«, New York 1907
Übersetzung aus dem 7. Kapitel von Lavisse und Rambauds *»Histoire Générale«.* Immer noch eine der besten Darstellungen über die Entstehung der mittelalterlichen Stadt als korporative Einheit, wobei zwischen Nord und Süd, alten römischen Grün-

dungen und neuen Städten und der ganzen Mannigfaltigkeit von Bräuchen, Sitten, Gesetzen und Geschichte hinreichend unterschieden wird.

Glass, David, *The Town.* London 1935

Glass, Ruth, *Social Aspects of Town Planning.* In »TPR«, März 1945

Gleichen-Russwurm, Alexander von (Herausgeber), *Kultur- und Sittengeschichte aller Zeiten und Völker.* 24 Bde. in 12. Hamburg 1929
Wertvoll durch die zahlreichen Abbildungen.

Glikson, Artur, *Notes on the Relation of Regional Planning to Conceptions of Technological Progress.* Den Haag 1957

—, *Regional Planning and Development.* Leiden 1955
Seit Benton MacKayes einsamem Meisterwerk *»The New Exploration«* wohl die beste Abhandlung in englischer Sprache über die Lehre von der regionalen Planung. Besonders gut die ökologischen Betrachtungen und die eingehende Analyse der Planungsprobleme in Israel und Holland. (Vgl. auch William L. Thomas jr.).

Glotz, Gustave, *La cité grècque.* Paris 1928

Glueck, Nelson, *Rivers in the Desert. A History of the Negev.* New York 1959
Wichtig wegen der Untersuchung der Wasserspeicherung in unterirdischen Zisternen und Reservoirs in einem Lande, das sonst für städtische Siedlungen ungeeignet ist.

Godfrey, Hollis, *The Health of the City.* Boston 1910
Eine ziemlich frühe Arbeit über Wasser, Verschwendung, Lärm und Wohnungswesen.

Goethe, Johann Wolfgang von, *Dichtung und Wahrheit.*
Man lese die vielen glänzenden Abschnitte über mittelalterliche Städte.

Gomme, George Laurence, *The Village Community. With Special Reference to the Origin and Form of its Survivals in Britain.* New York 1890

Goodman, Percival und Paul, *Communitas. Means of Livelihood and Ways of Life.* Chicago 1947
Neue utopische Hypothesen und kritische Anmerkungen.

Gothein, Marie Luise, *A History of Garden Art. 2 Bde.* London 1928
Über ein halbes Jahrhundert alt, aber immer noch wertvoll.

Gottman, Jean, *Megalopolis, or the Urbanization of the North-Eastern Seaboard.* In »Economic Geography«, Juli 1957

—, *Revolution in Land Use.* In »Landscape«, Winter 1958—1959

Gouhier, Jean; *Le Mans. Naissance d'une grande cité au milieu du XXe siècle.* Paris 1953

Gould, Elgin R. L., *The Housing of the Working People. A Special Report of U. S. Committee of Labor.* Washington 1895

Graham, Edward H., *Natural Principles of Land Use.* New York 1944

Graham, Michael, *Human Needs.* London 1951

Gras, Norman S. B., *History of Agriculture in Europe and America.* New York 1925
Eines der wenigen verfügbaren Bücher über ein Thema, das eng mit dem früheren Städtebau zusammenhängt. Die Geschichte dieses Themas hat noch weniger Beachtung gefunden als diejenige der Städte.

—, *An Introduction to Economic History.* New York 1922
Bringt wirtschaftliche und städtische Entwicklung in Beziehung. Hält sich im allgemeinen an Bücher, hinterläßt jedoch den Eindruck, die Großstadt sei ein Endstadium.

Gravier, Jean François, *Paris et le désert français.* Paris 1947
Vortreffliche Arbeit über die Frage, wie man zwischen Stadt und Region ein Gleichgewicht erzielen kann. Die Frucht von zwei Generationen gelehrter Arbeit auf einem Gebiet, auf dem die Franzosen führend waren.

Gray, Richard, *The Future of the Backs. University Development in Cambridge.* In »TPR«, Januar 1956

Green, Alice Stopford, *Town Life in the Fifteenth Century. 2 Bde.* London 1894
Ein Klassiker.

Greenbelt Towns. A Demonstration in Suburban Planning. Herausgegeben von »United States Resettlement Administration«. Washington 1936

Gregorovius, Ferdinand Adolf, *Geschichte der Stadt Rom im Mittelalter. 8 Bde. 4. Aufl.* Stuttgart 1886—1896

Grenier, Albert, *Bologne. Villa-novienne et Etrusque. VIIIe—IVe siècles avant notre ère.* In »Bibliothèque Française d'Athènes et de Rome«, Paris 1912

Griffith, Ernest S., *The Modern Development of City Government. 2 Bde. Oxford 1907*

Grisebach, August, *Die alte deutsche Stadt in ihrer Stammeseigenart.* Berlin 1930
Reich illustriert, zumal verschiedene Häusertypen.

Gropius, Walter, *Rebuilding our Communities.* Chicago 1945

* Gross, Charles: *The Gild Merchant. A Contribution to British Municipal History.* 2 Bde. Oxford 1890
Eine solide Arbeit, deren Ergebnisse im ersten Band gestützt werden durch Zitate aus Originalquellen im zweiten Band.

Die Großstadt. Vorträge und Aufsätze zur Städteausstellung. Dresden 1903
Enthält Aufsätze von Bücher, Ratzel und Simmel.

Grunsfeld, Ernest A. und Louis Wirth: *Plan for Metropolitan Chicago.* In »TPR«, April 1954

Gut, Albert, *Der Wohnungsbau in Deutschland nach dem Weltkriege.* München 1928
Reich bebilderte Darstellung des Wohnungsbaues in Deutschland in der ersten Nachkriegszeit, hauptsächlich nach traditioneller Art.

Gutkind, E. A., *Community and Environment. A Discourse on Social Ecology.* London 1953

—, *Creative Demobilisation.* Teil I: *Principles of National Planning.* Teil II: *Case Studies in National Planning.* London 1943
Umfassend und mit wichtigem Material, aber etwas selbstherrlich in der Behandlung der politischen und Bildungsprobleme bei Großraumplanung.

—, *The Expanding Environment. The End of Cities. The Rise of Communities.* London 1953
In Geist und Haltung eng mit »The Disappearing City« von Frank Lloyd Wright verwandt, ruht aber auf festerer Grundlage von Forschung und Erfahrung bei der Planung.

—, *Revolution of Environment.* London 1946

—, *Our World from the Air. An International Survey of Man and His Environment.* Vorwort von G. P. Gooch, Einleitung von Lewis Mumford. New York 1953
Vorzüglicher Überblick über Städte und Landschaften. Unentbehrlich für den, der hierüber klar und gründlich nachdenken will.

Haarhoff, T. C., *The Stranger at the Gate. Aspects of Exclusiveness and Cooperation in Ancient Greece and Rome.* New York 1938
Aufschlußreiche Arbeit eines südafrikanischen Gelehrten, die das Problem der Apartheid verallgemeinert.

Hackett, Brian, *Man, Society and Environment.* London 1950
Erster Versuch, ein bisher von den vorbereitenden Wissenschaften noch ungenügend erforschtes Thema zu erfassen. Eine in den Einzelheiten häufig anfechtbare Gesamtschau.

Hahn, Eduard, *Die Entstehung der Pflugkultur unseres Ackerbaus.* Heidelberg 1909
Wichtig.

Hallenbeck, Wilbur, *American Urban Communities.* New York 1951

Haller, William jr, *The Puritan Frontier. Town Planning in New England Colonial Development 1630—1660*. New York 1951

Halpert, L. und Noel P. Gist, *Urban Society*. 2. Aufl. New York 1941

Hammarstrand, Nils, *Pietro Cataneo. A Resurrected Writer on City Planning*. In »JAIA«, Dezember 1925
Hammarstrands bahnbrechende Arbeiten in dieser Zeitschrift in den Jahren 1923—1926 hätte man längst zusammenstellen sollen.

Hammond, John Lawrence und Barbara, *The Skilled Labourer (1760—1832)*. London 1911
Anschauliche, gut dokumentierte Arbeiten, die zum Verständnis der paläotechnischen Stadt unentbehrlich sind.

Harrison, Jane, *Ancient Art and Ritual*. London 1913

* Haskins, Caryl P., *Of Societies and Men*. New York 1951
Empfehlenswert.

Hassert, Kurt, *Die Städte, geographisch betrachtet*. Leipzig 1907
Vorzügliche bahnbrechende Arbeit.

Haverfield, Francis J., *Ancient Townplanning*. Oxford 1913
Stellenweise nützlich.

Hawkes, Jacquetta, *Man on Earth*. New York 1955

Hawley, Amos H., *The Changing Shape of Metropolitan America. Deconcentration since 1920*. Glencoe, Ill. 1937

—, *Human, Ecology. A Theory of Community Structure*. New York 1950

Haworth, Lawrence L., *An Institutional Theory of the City and Planning*. In »JAIP«, 1957

Hayes, William C., *The Scepter of Egypt*. 2 Bde. Cambridge, Mass. 1959
Gründliche Arbeit, die sich auf die Sammlungen des Metropolitan Museum in New York stützt.

Hegemann, Werner, *City Planning. Housing*. 3 Bde. New York 1938

—, *Der neue Bebauungsplan für Chicago*. Berlin o. J.

—, *Der Städtebau. Nach den Ergebnissen der »Allgemeinen Städtebau-Ausstellungen«*. 2 Bde. Berlin 1911
Das beste einzelne Dokument über Stadtplanung und Wohnungsbau in der Zeit vor dem ersten Weltkrieg.

Hegemann, Werner und Albert Peets, *The American Vitruvius*, New York 1922
Umfangreiche Arbeit über historische Stadtplanung. Immer noch wertvoll.

* Heichelheim, Fritz M. *Wirtschaftsgeschichte des Altertums vom Paläolithikum bis zur Völkerwanderung der Germanen, Slaven und Araber*. 2 Bde. Leiden 1958
Reich an Einzelheiten, erschöpfende Bibliographie.

Heil, B., *Die deutschen Städte und Bürger im Mittelalter*. Leipzig 1912

Heilig, Wilhelm, *Stadt- und Landbaukunde*. Berlin 1935

Heitland, William Emerton, *Last Words on the Roman Municipalities*. Cambridge 1928
Äußerst anregend.

—, *The Roman Fate*. Cambridge 1922

Herlihy, David, *Pisa in the Early Renaissance. A Study of Urban Growth*. New Haven 1958
Nützlich als politische und Wirtschaftsgeschichte, berührt jedoch kaum die äußere Gestalt der Stadt.

* Herodot, *Historien*. Deutsch von August Horneffer, Stuttgart 1955
Herodot hat die Korrekturen der Archäologen überlebt, und sein Werk erweist sich abermals als unentbehrliche Einführung in Geschichte und Sagen der antiken Welt.

Herron, Ima Honaker, *The Small Town in American Literature.* Durham, N. C. 1939

Heyne, Moritz, *Das deutsche Wohnungswesen von den ältesten geschichtlichen Zeiten bis zum 16. Jahrhundert.* Bd. I in »Fünf Bücher Deutscher Hausaltertümer«. Leipzig 1899
Wertvoll

Hibbert, Arthur und Ruthardt Oehme, *Old European Cities.* London o. J.
Vierundzwanzig Pläne aus dem 16. Jahrhundert mit Texten aus »Civitates Orbis Terrarum« von Georg Braun und Franz Hogenberg. (Vgl. Merian.)

Higbee, Edward, *The Squeeze. Cities Without Space.* New York 1960

Hilberseimer, Ludwig, *The Nature of Cities: Origin, Growth, and Decline; Pattern and Form; Planning Problems.* Chicago 1955
Ein ernsthafter und gut angelegter Versuch, über die Beschränkungen des früheren Werkes hinauszugelangen.

—, *The New City. Principles of Planning.* Chicago 1944
Formalistisch.

Hill, Ida Thallon, *The Ancient City of Athens. Its Topography and Monuments.* London 1953
Wertvoller Führer zu allem, was bisher bekannt ist.

* Hiorns, Frederick R., *Town-building in History. An Outline Review of Conditions, Influences, Ideas, and Methods Affecting »Planned« Towns through Five Thousand Years.* London 1956
Umfassend, jedoch in seinen historischen und ästhetischen Urteilen konventionell. Die vielen umfassenden Illustrationen erhöhen den Wert.

Hocart, A. M., *Kings and Councillors. An Essay in the Comparative Anatomy of Human Society.* Kairo 1936
Versteht die Stadt primär als rituellen Mittelpunkt, dessen ausgerichteter rechteckiger Plan Ausdruck ritueller Notwendigkeiten sei. Zwar hat Hocart die römische Planung übersehen, die seine Ansicht bestätigt hätte, doch verdient seine Auffassung ernster erwogen zu werden, als viele Anthropologen und Archäologen bisher getan haben.

—, *Social Origins.* London 1954

Hodgson, Francis, *Venice in the Thirteenth and Fourteenth Centuries (1204—1400).* London 1910

Hoffbauer, Theodore J. H., *Paris à travers les ages. Aspects successifs des monuments et quartiers historiques de Paris depuis le XIIIe siècle jusqu'aux nos jours. Fidèlement restitués d'après les documents authentiques.* 2 Bde. Paris 1875—1882
Vorzügliche Abbildungen. Beiträge von Kapazitäten wie La Croix und Franklin.

Hole, Christina, *English Custom and Usage.* 3. Auflage, London 1950

—, *English Home Life 1500—1800.* London 1947

Holford, William, *Green Cities of the 20th Century.* In »JTPI«, Mai—Juni 1947

—, *St. Paul's Report on the Surroundings of St. Paul's Cathedral in the City of London.* In »TPR«, Juli 1956
Neue Behandlung der schwierigen Frage, wie man in einer überdynamischen Wirtschaftsordnung historische Bauten von großem Schönheitswert erhalten soll. Besonders gut, weil Holford die offenkundigen Klischees verwirft, mit denen er selber das Thema zunächst behandelt hatte.

—, *The Tall Building in the Town.* In »JTPI«, März 1959
Gute historische Zusammenfassung, übergeht jedoch eine wichtige Überlegung: die Wirkung solcher Anhäufungen von großer Wohndichte auf den Verkehr, der schon bei viel geringerer Dichte behindert wird.

—, *Trading Estates.* In »JTPI«, März 1939
Holfords »Team Valley Estate« schuf selber neue Maßstäbe.

Holsti, Rudolph, *The Relation of War to the Origin of the State.* Helsingfors 1913
Ein vernachlässigter Beitrag, der jetzt neu formuliert und erweitert zu werden verdient.

Homo, Léon, *Rome impériale et l'urbanisme dans l'antiquité.* Paris 1951
Erschöpfende Arbeit über sämtliche Seiten städtischen Lebens: Straßen, Gesundheitswesen, Polizei usw., soweit genügend Urkunden vorhanden. Nützliche Biographie. (Vgl. Friedländer für die soziale Seite dieses Urbanismus.)

Honeybourne, M. B. und N. G. Brett-James, *Precincts and Trade Quarters.* In »AR«, November 1946

Hoover, Edgar M. und Raymond Vernon, *Anatomy of a Metropolis. The Changing Distribution of People and Jobs within the New York Metropolitan Region.* Cambridge, Mass. 1959
Teil einer größeren Arbeit.

Houston, J. M., *The Scottish Burgh.* In »TPR«, Juli 1954

—, *A Social Geography of Europe.* London 1953
Behandelt ländliche Landschaft und Häusertypen und die Morphologie der Städte.

* Howard, Ebenezer, *Garden Cities of Tomorrow.* London 1902. Titel der ersten Auflage *Tomorrow. A Peaceful Path to Land Reform.* Neue Auflage mit einem Vorwort von F. J. Osborn und einer Einführung von Lewis Mumford. London 1946
Das genaue Studium dieses Klassikers ist für jeden, der ernsthaft die Stadtentwicklung studiert, wichtig. Abgesehen von dem direkten Einfluß, den es schon gehabt hat, hat es in vielen Richtungen mittelbar auf die Stadtplanung eingewirkt. Seine fundamentalsten Lehrsätze über konstruktive Methoden zur Beschränkung und auch zur Ausweitung der Größe städtischer Siedlungen sind immer noch nicht ausreichend erfaßt worden.

Howe, Frederick, *The Modern City and Its Problems.* New York 1915
Ein bahnbrechendes Werk in einem Jahrzehnt, in dem sich in den USA neues Interesse für die Stadtentwicklung zu regen begann.

Hoyt, Homer, *Forces of Urban Centralization and Decentralization.* In »American Journal of Sociology«. Mai 1941

—, *One Hundred Years of Land Values in Chicago. 1830—1933.* Chicago 1933
Eine Arbeit über das Verhältnis von städtischem Wachstum und Bodenpreisen in historischer Perspektive.

Hrozny, Bedrich, *Ancient History of Western Asia, India and Crete.* Übers. New York 1953

Hughes, Thomas und E. A. G. Lamborn, *Towns and Towns Planning, Ancient and Modern.* Oxford 1923
Früher nützlich, heute überholt.

Hugo-Brunt, Michael, *George Dance, the Younger, as Town Planner (1768—1814).* In »JSAH«, Dezember 1955

Huizinga, Johan, *Herbst des Mittelalters. Studien über Lebens- und Geistesformen des 14. und 15. Jahrhunderts in Frankreich und in den Niederlanden.* Stuttgart, 6. Aufl. 1952
Behandelt die Vielschichtigkeit und Widersprüche des zerfallenden Mittelalters.

—, *Homo Ludens. Versuch einer Bestimmung des Spielelements der Kultur.* Amsterdam 1939
Originell und wichtig.

Huntington, Ellsworth, *The Human Habitat.* New York 1927
Wohl das solideste, wenn auch nicht das originellste unter den vielen Werken des Verfassers.

Hurd, Richard Melanchthon, *Principles of City Land Values.* 1. Aufl. New York 1903. 4. Aufl. New York 1924
Mit Recht hoch angesehen auf einem Gebiet, wo es lange allein stand. Viele Abbildungen der ersten amerikanischen Städte.
Hürlimann, Martin, *Berlin. Berichte und Bilder.* Berlin 1934
Hutchinson, R. W., *Prehistoric Town-Planning in and Around the Aegean.* In »TPR«, Januar—April 1953
Weitaus die beste verfügbare Darstellung über die Vorläufer der griechischen Polis (spätere griechische Beispiele bei Wycherley).
—, *Prähistoric Town-Planning in Crete. In »TPR«*, Oktober 1950
Hutton, William, *The History of Birmingham.* 4. Aufl. London 1819
—, *A Journey from Birmingham to London.* Birmingham 1785
Hyde, Francis E., *The Growth of a Town. A Study of the Economic Forces Controlling the Development of Stony Stratford in the Middle Ages.* In »TPR«, Juli 1949
Ikle, Fred Charles, *The Effect of War Destruction upon the Ecology of Cities.* In »Social Forces, Mai 1951
Wiederaufnahme alter Vorbilder durch zurückkehrende Bewohner.
Jackson, J. B. (Herausgeber), *Landscape. Magazine of Human Geography.* 1951 — fortlaufend.
Diese Vierteljahresschrift erscheint nur selten ohne einen oder mehrere wichtige Aufsätze über Stadt und Landschaft.
Jacobsen, Thorkild, *Mesopotamia. The Cosmos as a State.* In »The Intellectual Adventures of Ancient Man«, Chicago 1946
Bringt Jacobsens Deutung der primitiven Dorfdemokratie in Mesopotamien aufgrund späterer religiöser Urkunden.
James, Edmund, *The Growth of Great Cities in Area and Population.* In »Annals of American Academy of Political Science«, Januar 1899
Immer noch wertvoll.
James, Edwin Oliver, *The Ancient Gods. The History and Diffusion of Religion in the Ancient Near East and the Eastern Mediterranean.* London 1960
Nützliche allgemeine Einführung.
* James, Henry: *The American Scene.* New York 1907
Ein ausgezeichneter Kommentar eines amerikanischen Urbanisten.
Jastrow, Morris jr., *The Civilization of Babylonia and Assyria.* Philadelphia 1915
Ein Standardwerk. (Vgl. aber Kramer, Childe, Frankfort und Contenau.)
Jefferson, Mark, *Distribution of the World's City Folks. In »Geographical Review«*, Juli 1931
Jeremiah, Keith, *A Full Life in the Country. The Sudbury and District Survey and Plan.* London 1948
Johnson-Marshall, Percy, *Comprehensive Redevelopment.* In »JRIBA«, April-Dezember 1959
Jones, A. H. M., *Athenian Democracy.* Oxford 1957
Verteidigung der wirklichen athenischen Demokratie gegen bösartige Angriffe ihrer erklärten Feinde, angefangen bei Plato und den Oligarchen. Nützlich als Gegengewicht, auch wenn es nicht die ganze Wahrheit bringt.
*—, *The Greek City. From Alexander to Justinian.* Oxford 1940
Jones, Thomas Jesse, *The Sociologie of a New York City Block.* New York 1904
Bahnbrechende Arbeit.

Jones Victor, *Metropolitan Government.* Chicago 1942
Obwohl durch statistische Veränderungen teilweise überholt, doch immer noch wertvoll.

Jürgens, Oskar, *Spanische Städte. Ihre bauliche Entwicklung und Ausgestaltung.* Hamburg 1926. In »Abhandlungen aus dem Gebiet der Altertumskunde«. Bd. 23
Im ersten Teil systematische Beschreibungen spanischer Städte; der zweite Teil behandelt Planung und Bau. Nützliche Bibliographie, aber unzureichende Bilder.

Justement, Louis, *New Cities for Old.* New York 1946

Juvenal, *Werke.* Deutsch von Ulrich Knoche. Hamburg 1951
Wichtig als Quelle, wenn man satirische Übertreibung berücksichtigt. Besonders *Die Stadt.*

Kampffmeyer, Hans, *Die Gartenstadtbewegung.* Leipzig 1909, 2. Aufl. 1913
Vortreffliche frühe Arbeit.

Karan, Pradyuma Prasad, *The Pattern of Indian Towns. A Study in Urban Morphology.* In »JAIP«, 1957

Kellogg, Paul U. (Herausgeber), *The Pittsburgh Survey.* 6 Bde. New York 1909, 1914
Monumentale Aufnahme einer repräsentativen Industriestadt. Gründliche Durchleuchtung, ähnlich dem späteren »Middletown«, betont aber stärker Gesichtspunkt und Interessen des Sozialarbeiters. Unzulänglich auf der staatsbürgerlichen Seite und im Urbanismus, aber trotzdem ein hervorragendes Beispiel für die Methode der Aufnahme.

Kenyon, Kathleen M., *Digging up Jericho.* London 1957
Beschreibung dessen, was, falls die Angaben stimmen, die früheste städtische Siedlung im vorderen Orient sein dürfte. Eine Entdeckung, welche für die Archäologie und Chronologie dieses Gebietes wie für die Stadtentwicklung überhaupt revolutionär wirken dürfte.

Kidder Smith, G. E., *Italy Builds. Its Modern Architecture and Native Inheritance.* New York 1955
Seltenes Zusammentreffen von guten Photos und Architekturverständnis, dazu auch ein Gefühl für die zugrunde liegenden menschlichen Werte.

—, *Sweden Builds.* 1. Aufl. New York 1950, 2. Aufl. 1957
Eine Fülle wunderbarer Fotos und nicht zuletzt auch Pläne, besonders von der schwedischen »New Town« Vällingby.

Kirsten, Ernst und Wilhelm Kraiker, *Griechenlandkunde: Ein Führer zu klassischen Stätten.* Heidelberg 1957
Ein moderner Pausanias, unschätzbar. (Aber auch der *»Guide Bleu«* für Griechenland ist vortrefflich.)

Kite, Elizabeth S., *L'Enfant and Washington.* 1791 bis 1792. Baltimore 1929

Kizer, Benjamin H., *Regional Planning in the Columbia River Area.* In »TPR«, Juli 1951

Kligman, Miriam, *Human Ecology and the City Planning Movement.* In »Social Forces«. Okt. 1945

Koenigsberger, Otto H., *New Towns in India.* In »TPR«, Juli 1949

Kohl, Johann Georg, *Der Verkehr und die Ansiedlungen der Menschen in ihrer Abhängigkeit von der Gestaltung der Erdoberfläche.* 1841, 2. Aufl. Leipzig 1850
Sombart macht sich über dieses Buch lustig, aber die Betonung des Verkehrswesens als eines kritischen Faktors bei der Stadtentwicklung ist nicht schlecht.

Korn, Arthur, *History Builds the Town.* London 1953
Reich bebildert.

Kouenhoven, John A., *The Columbia Historical Portrait of New York.* New York 1953
Reich an Bildmaterial.

Kraeling, Carl H. und Robert M. Adams (Herausgeber), *City Invincible: A Symposium on Urbanization and Cultural Development in the Ancient Near East.* Held at »The Oriental Institute« of the University of Chicago, 4.—7. Dez. 1958. Chicago 1960
Ein faszinierendes Symposion, das seinem Titel kaum gerecht wird, aber immerhin dorthin führt.

Kramer, Samuel Noah, *History Begins at Sumer.* New York 1959
In Text und Übersetzungen viele Hinweise auf Urbanismus. Siehe auch die Übersetzungen des hervorragenden Gelehrten bei Pritchard.

* Kropotkin, Piotr, *Fields, Factories, and Workshops. Or, Industry Combined with Agriculture, and Brainwork with Manual Work.* 1. Aufl. Boston 1899, Verbesserte Aufl. London 1919
Soziologische und ökonomische Information ersten Ranges, die auf Kropotkins besonderem Sachverstand als Geograph und auf seiner sozialpolitischen Leidenschaft als Führer des kommunistischen Anarchismus beruht. Besonders allen denen empfohlen, die sich mit Planung für unterentwickelte Gebiete beschäftigen.

—, *Mutual Aid.* London 1904
Bahnbrechende Arbeit über die Symbiose in der Soziologie. Einer der ersten Versuche, die einseitig darwinistische Betonung des räuberischen Charakters des Lebens zu korrigieren. Man beachte das Kapitel über gegenseitige Hilfe in der mittelalterlichen Stadt.

Kuhn, Emil, *Über die Entstehung der Städte der Alten. Komenverfassung und Synoikismos.* Leipzig 1878
Durch sein Thema und seine vorzüglichen Gedanken beinahe so überraschend wie Fustel de Coulanges Arbeiten, zumal angesichts seiner Entstehungszeit.

Labò, Mario, *Strada Nuova.* In »Scritti di Storia dell'Arte in Onore di Lionello Venturi«, Rom 1956
Beschreibung des neuen Adelsviertels von Genua, das Galeazzo Alessi entworfen hat.

Lanciani, Rodolfo Amadeo, *Ancient Rome in the Light of Recent Discoveries.* 8. Aufl. Boston 1892

—, *Ancient and Modern Rome.* London o. J. (1927?)
Vieles in kleinem Maßstab, aber bahnbrechende Untersuchung.

—, *New Tales of Old Rome.* London 1901

Larrabee, Eric und Rolf Meyersohn (Herausgeber), *Mass Leisure.* Glencoe, Ill. 1959
(Vgl. auch *Mass Culture* von den gleichen Herausgebern.)

Larsen, J. A. O., *Representative Government in Greek and Roman History.* Berkeley 1955
Wichtige neue Untersuchung.

Larwood, Jacob (Pseudonym für H. D. J. van Schevichaven), *The Story of the London Parks.* London 1881

Lavedan, Pierre, *Géographie des Villes.* Paris 1936, verbesserte Aufl. 1954

*—, *Histoire de l'urbanisme.* Bd. I, *Antiquité, moyen age.* Paris 1926. Bd. 2. *Renaissance et temps moderne.* Paris 1941. Bd. 3, *Epoque contemporaine.* Paris 1952.
Klassisches Werk über die Geschichte der Kunst der Stadtplanung, reich mit Dokumenten, Abbildungen und Plänen ausgestattet.

—, *Qu'est-ce-que l'urbanisme? Introduction à l'histoire de l'urbanisme.* Paris 1926
Einführung in Dokumente, Pläne und andere Quellen für eine Geschichte des Urbanismus, weniger zum Thema selber. Mehr für den Spezialisten als für den allgemein Interessierten geeignet.

—, *Représentation des Villes dans l'Art du Moyen Age.* Paris 1954

—, *Urbanisme et architecture.* Etudes écrites et publiées en honneur de Pierre Lavedan. Paris 1954

Layard, Austen Henry, *The Monuments of Niniveh. From Drawings Made on the Spot.* In zwei Serien. London 1853
Noch wertvoll.

Lebreton, Jean, *La Cité Naturelle. Recherche d'un urbanisme humain.* Paris 1945
Weit solider als die größere Publizität genießenden Entwürfe von Le Corbusier.

Le Corbusier, *Grundfragen des Städtebaus.* Stuttgart 1954.
Kurze Wiederholung von Le Corbusiers Auffassungen, die noch nicht durch seine Arbeit in Chandigarh modifiziert wurden.

—, *Précisions.* Paris 1930
Der Hauptinhalt von Le Corbusiers südamerikanischen Vorträgen mit noch extravaganteren Plänen für eine Wolkenkratzer-Straßenstadt.

*—, *Urbanisme.* Paris 1924
Vorschläge für eine kunstvoll mechanisierte Großstadt mit weiträumig placierten Wolkenkratzern und mehrgeschossigen Verkehrswegen. Kommt einer echten Ordnung näher als die bunten Vorschläge der New Yorker Wolkenkratzerarchitekten derselben Zeit, aber ebenso bürokratisch orientiert. Jedoch trotz seiner dürren Vorstellung von der Stadt — oder eben deshalb — die einflußreichste Abhandlung ihrer Generation.

—, *La Ville radieuse. Collection de l'équipement de la civilisation machiniste.* Boulogne 1934
Vielleicht symptomatisch für einen Übergang von einer rein mechanischen Ideologie zu einer mehr biotechnischen Auffassung.

Le Corbusier und François de Pierrefeu, *The Home of Man.* London 1948

Lee, Rose Hum, *The City.* Chicago 1955

Lestocquoy, J., *Les Villes de Flandre et d'Italie sous le gouvernment des patriciens* (XI—XVe siècles). Paris 1952
Vorzügliche Analyse der Rolle, welche die aufsteigende Kaufmannsschicht in gewissen italienischen und niederländischen Städten gespielt hat. Infolge konzentrierter Darstellung vernachlässigt sie jedoch die Rolle der Industriearbeiter und Handwerker.

Lethaby, W. R., *Architecture, Nature, and Magic.* New York 1956
Neufassung (1928) einer zuerst 1892 erschienenen Arbeit, welche die magischen und religiösen Ursprünge der Architektur untersucht.

—, *Of Beautiful Cities.* In »Art and Life, and the Building and Decoration of Cities«, London 1897

—, *Form in Civilization.* London 1922, 2. Aufl. New York 1957

Lettmayer, Ferdinand, *Wien um die Mitte des XX. Jahrhunderts. Ein Querschnitt.* Wien 1958

Letts, Malcolm, *Bruges and Its Past.* 2. Aufl. Bruges 1926

Levy, Gertrude Rachel, *The Gate of Horn. A Study of the Religious Conceptions of the Stone Age, and their Influence upon European Thought.* London 1948
Besonders gut die Deutung des altsteinzeitlichen Materials in Höhlen und Labyrinth.

Lichtenberg, Freiherr Reinhold von, *Haus, Dorf, Stadt.* Leipzig 1909
Seinerzeit eine vorzügliche Arbeit über die frühe Entwicklung von Haus, Dorf und Stadt. Obwohl im letzten Halbjahrhundert zumal in Mesopotamien viel neues Material hinzugekommen ist, bleibt in diesem Band immer noch ein Kern nützlicher Forschungen.

Lichtwark, Alfred, *Deutsche Königsstädte.* Berlin 1912

Liepmann, Kate K., *The Journey to Work. Its Significance for Industrial and Community Life.* London 1944

Kritiklos in seinen Vermutungen. Es fehlen wichtige Daten über die Häufigkeit des Wechsels und die Möglichkeiten einer Wahl. Verwechselt Zugänglichkeit und Vielfalt der Industrien mit der Notwendigkeit, sie zusammenzufassen.

Lindblom, C. E. und R. A. Dahl, *Politics, Economics and Welfare.* New York 1953

Lindner, Werner und Erich Boekle, *Die Stadt. Ihre Pflege und Gestaltung.* München o. J.

Little Bryan, *The Building of Bath 1747—1947. An Architectural and Social Study.* London 1947

Lloyd, Nathaniel, *A History of the English House. From Primitive Times to the Victorian Period.* London 1931

Ausgezeichnet.

Lock, Max, *Civic Diagnosis. An Outline Summary of Planning Research Undertaken by the »Hull Regional Survey«.* Hull 1943

Die Betonung sozialer Faktoren verleiht dieser kurzen Arbeit Rang.

Logie, Gordon, *The Urban Scene.* London 1954

Bilderanalyse der Stadt im Sinne von Einfriedung des Raumes, Straßenausstattung, Silhouette usw. Ergänzt Rasmussen und Gibberd.

Loosley, Elizabeth W., John R. Seeley und R. Alexander Sim, *Crestwood Heights. A Study of the Culture of Suburban Life.* New York 1956

Lopez, Robert S. und Irving W. Raymond, *Medieval Trade in the Mediterranean World. Illustrative Documents Translated with Introductions and Notes.* New York 1955

Reich an Urkunden, bewundernswert wegen seiner gelehrten Kritik.

Lot, Ferdinand, *L'Evolution des Communes Françaises. In »Revue Historique«,* Juni—März 1949

—, *Recherches sur la superficie des cités remontant à la période Gallo-Romaine.* In »Bibliothèque de l'école des hautes études«, Nr. 287, 296, 301, Paris 1945

Louis, Paul, *Ancient Rome at Work. An Economic History of Rome from the Origins to the Empire.* New York 1927

Lunt, Paul S. und W. Warner, *The Social Life of a Modern Community.* New Haven 1941

Lynch, Kevin, *The Form of Cities. In »Scientific American«,* April 1954

Eine originelle Arbeit.

—, *The Image of the City.* Cambridge, Mass. 1960

Lynch, Kevin und Lloyd Rodwin, *A Theory of Urban Form.* In »JAIP«, Nr. 4, 1958

Lynd, Robert S. und Helen M., *Middletown.* New York 1929

Eine tüchtige Aufnahme, wiewohl schwach in geographischer Hinsicht und ohne vergleichende Kulturbezüge. (Vgl. Kellogg, P. U.)

Macfadyen, Dugald, *Sir Ebenezer Howard and the Town Planning Movement.* Manchester 1933

Mackay, Ernest, *Early Indus Civilizations. 2. Aufl.,* verbessert und erweitert von Dorothy Mackay. London 1948

MacKaye, Benton, *The New Exploration. A Philosophy of Regional Planning.* New York 1928

Wichtig nicht nur als Standpunkt, sondern als methodischer Vorschlag. MacKaye, der ursprünglich Forstmann und Begründer des »Appalachian Trail« war, ist Regionalist in der Nachfolge von Thoreau, Marsh und Shaler.

—, *Regional Planning. In »Encyclopaedia Britannica«,* 14. Aufl.

—, *Townless Highways for the Motorist.* In »Harper's Magazine«, August 1931

Hat die Schnellstraße in jeder Hinsicht mit Ausnahme des extravaganten, aber häufig unnötigen »Kleeblattes« vorausgesagt.

Maclear, Anne Bush, *Early New England Towns.* In »Studies in History, Economics and Public Law«, New York 1908

Maitland, Frederic William, *Township and Borough. Together with an Appendix of Notes Relating ... to Cambridge.* Cambridge 1898

Maiuri, Amadeo, *Herculaneum.* 5 Aufl. Rom 1958

—, *Pompeii.* 7. Aufl. Rom 1954
Detaillierter Führer.

—, *Pompeii.* Novara 1957
Umfassend und gut bebildert.

Mann, Peter H., *The Socially Balanced Neighborhood Unit.* In »TPR«, Juli 1958

Marsh, George Perkins, *The Earth as Modified by Human Action.* 3 Aufl. New York 1888
Ein anregendes Werk, welches die aktive Rolle schildert, die der Mensch bei der Umgestaltung der Erdoberfläche gespielt hat, und ihn für seine häufig destruktive Tätigkeit moralisch verantwortlich macht. (Vgl. Carl Sauer und W. L. Thomas.)

Marshall, John Hubert, *Mohenjo-Daro and the Indus Civilization.* 3 Bde. London 1927

Martin, Alfred von, *Deutsches Badewesen in vergangenen Tagen.* Jena 1906

* Martin, Roland, L'urbanisme dans la Grèce antique. Paris 1956
Zeitliche und thematische Fortsetzung der Arbeiten von Gerkan und anderen, berichtigt frühere Vorurteile über das Werk des Hippodamos und betont das funktionale Wesen der griechischen Stadtplanung. Gute Bilder.

Maunier, René, *Essais sur les groupements sociaux.* Paris 1929

—, *L'origine et la fonction économique des villes. Etude de morphologie sociale.* Paris 1910
Wichtig weniger wegen seiner Ergebnisse als wegen seiner Versuche.

Mayhew, Henry, *London Labour and the London Poor.* 4 Bde. London 1861—1862
Journalistisch, aber eine Fülle interessanten Materials.

Mayo, W. L. B., S. D. Adshead, Patrick Abercrombie und W. H. Thompson, *The Thames Valley from Cricklade to Staines. A Survey of Its Existing State and Some Suggestions for Its Future Preservation.* London 1929

McAllister, Gilbert und Elizabeth Glen, *Town and Country Planning. A Study of Physical Environment. The Prelude to Post-War Reconstruction.* London 1941

McClenahan, B. A., *Communality, the Urban Substitute for the Traditional Community.* In »Sociology and Social Research«, März-April 1946

McDonald, William A., *The Political Meeting Places of the Greeks.* In »The Johns Hopkins University Studies in Archaeology«, Nr. 34, Baltimore 1943
Vorzüglich.

McKelvie, Blake, *Rochester. The Water-Power City. 2. Bde.* New York 1954

Meakin, Budgett, *Model Factories and Villages.* London 1905

Meiggs, Russel, *Roman Ostia.* Oxford 1960

Meikelham, Robert, *On the History and Art of Warming and Ventilating Rooms and Buildings.* 2. Bde. London 1845
Wichtig. Ein seltenes Buch auf einem wenig erforschten Gebiet.

Mercier, Louis Sebastien, *Memoirs of the Year 2500.* Übers. London 1802
Eine wegen ihrer historischen Anmerkungen bemerkenswerte Utopie.

—, *The Picture of Paris. Before and after the Revolution. Paris 1781—1788.* London 1929

Merian, Matthaeus, *Topographica Bohemiae, Moraviae et Silesiae.* Frankfurt am Main 1960

*—, *Topographica Germaniae.* Frankfurt am Main 1642. Neudruck im kleinen Format, München 1935
Hübsche Holzschnitte von Städten mit seltsamen und manchmal aufschlußreichen Da-

ten. Eine der Hauptquellen für den Zustand der mittelalterlichen Stadt. Hügel und Kirchturm ersetzten dem Künstler das Flugzeug.
—, *Topographica Hassiae.* Frankfurt am Main 1655. Faksimile-Reproduktion. Basel 1959
Metz, Friedrich, *Die Hauptstädte.* Berlin 1930
Meuriot, Paul, *Des agglomérations urbaines dans l'Europe contemporaine. Essai sur les causes, les conditions, les conséquences de leur développement.* Paris 1898
Statistische Studie über städtische Konzentration im 19. Jahrhundert mit besonderen Hinweisen auf Frankreich.
—, *Du concept de ville autrefois et aujourd'hui.* In »La Vie Urbaine«, Paris 1919
Meyerson, Martin und Barbara Terret (Herausgeber), *Metropolis in Ferment.* In »The Annals of the American Academy of Political and Social Science«, November 1957
Siehe besonders John Ely Burchards Aufsatz »The Urban Esthetic«.
Michell, H., *The Economics of Ancient Greece.* New York 1940
Gründlich. (Vgl. E. Zimmern, der weniger detailliert in größerem gesellschaftlichem Rahmen berichtet.)
Mirabilia Romae. *Indulgentie et reliquie ad Urbis Rome in Latino.* Hrsg. von Gustav Parthey, Berlin 1869
Angeblich der erste »moderne« Reiseführer. (Vgl. aber Pausanias.)
Mitchell, Robert B. und Chester Rapkin, *Urban Traffic. A Function of Land Use.* New York 1954
Mitchell, Robert B. (Herausgeber), *Building the Future City.* In »The Annals of Political and Social Science«, November 1945
Vorzüglicher Überblick zu diesem Zeitpunkt, beachtet jedoch die ästhetischen und intellektuellen Funktionen der Stadt nur wenig.
Molmenti, Pompeo G., *Venice. Its Individual Growth from the Earliest Beginning to the Fall of the Republic.* 6 Bde. Übers. Chicago 1906—1908
Ausgezeichnet.
Mookerji, Radhakumud, *Local Government in Ancient India.* Oxford 1919
Moret, Alexandre, *Le Nil et la civilisation égyptienne.* Paris 1926
—, *Villes neuves et chartes d'immunité dans l'ancien Empire.* In »Journal Asiatique«, Juli—August 1912, März—April 1916, November—Dezember 1917
Wichtig.
Morgan, Arthur E., *The Community of the Future.* Yellow Springs, Ohio 1957
Beurteilung der Eigenschaften und Aufgaben des kleinen Gemeinwesens im Dorfmaßstab.
* Morley, Sylvanus Griswold, *The Ancient Maya.* Stanford 1946
Bemerkenswert. Enthält ein umfangreiches Kapitel über Maya-Städte, deren Vorhandensein manchmal bestritten wird.
Mukerjee, Radhakamal, *Man and His Habitation. A Study in Social Ecology.* London 1940
—, *Regional Sociology.* New York 1926
Gute Übersicht.
Muller, Emile, *Habitations ouvrières et agricoles.* Paris 1856
Muller, Emile und Emile Cacheux, *Les habitations ouvrières en tous pays.* 1. Aufl. Paris 1879, 2. Aufl. 1903
Erschöpfendes Verzeichnis von Modellsiedlungen für die Arbeiterschaft. Die 2. Aufl. bringt neue Pläne der Pariser Ausstellung von 1900. (Vgl. Chr. Hole.)
Mumford, Lewis, *City Development. Studies in Disintegration and Renewal.* New York 1945

Mumford, Lewis, *The Culture of Cities.* New York 1938
Siehe besonders die Kapitel über Regionalismus.
Münster, Sebastian, *Cosmographia universalis.* Basel 1550
Wertvoll.
—, *The Fourth Migration. In »Survey Graphic«,* Mai 1925
—, *The Modern City.* In »Forms and Functions of 20th Century Architecture«, Bd. IV, New York 1952
—, *The Neighborhood and Neighborhood Unit.* In »TPR«, Januar 1954
—, *A New Approach to Workers' Housing.* In »International Labour Review«, Februar 1957
Kritische Analyse der modischen oberflächlichen Alternative zwischen großstädtischen Wohnhochhäusern und vorstädtischen Einfamilienhäusern für billige Wohnzwecke.
—, *Planning for the Phases of Life.* In »TPR«, April 1949
—, *The Transformation of Man.* New York 1957
Wesentliche Einführung zu dem vorliegenden Werk. Besonders die Kapitel über den zivilisierten und den posthistorischen Menschen.
—, *A World Center for the United Nations.* In »IRIBA«, August 1946
—, *University City.* In »City Invincible«, herausgegeben von Karl Kraeling und Robert Adams. Chicago 1960
Munter, Georg, *Die Geschichte der Idealstadt.* Berlin 1928
Muntz, E. E., *Urban Sociology.* New York 1938
Mylonas, George E., *Ancient Mycenae. The Capital City of Agamemnon,* Princeton 1957
Neumann, Erich, *Die große Mutter. Der Archetyp des großen Weiblichen.* Zürich 1956
Der Begriff des Archetypus als dynamische Kraft bleibt schwer zu fassen und widersetzt sich hartnäckig einer systematischen Darstellung, aber diese Arbeit eröffnet neue Wege zum Studium der menschlichen Entwicklung.
—, *Ursprungsgeschichte des Bewußtseins.* Zürich 1950
Verdient zwar ernste methodologische Kritik, enthält jedoch viele und häufig fruchtbare Einfälle, die bei strengerer Darstellung vielleicht weggefallen wären.
Nicholas, R., *City of Manchester Plan.* London 1945
Bemerkenswert, weil es die Zeitdimension in den Planungsprozeß einbezieht und dabei schrittweise vorgeht, anstatt insgesamt abzureißen und neuzubauen. Einer der ersten Berichte, der die Zeitfolge und organischen Vorgänge bei der Stadtentwicklung gelten läßt. Methodologisch ein bemerkenswerter Beitrag, der noch nicht genügend verarbeitet ist.
Niveau optima des villes. Essai de définition d'après l'analyse des structures urbaines du nord et du Palais-de-Calais. Herausgegeben von der Universität Lille. Lille 1959
Neue Arbeit über Größe und Verschiedenheit von Stadtgruppen.
Nolen, John, *New Towns for Old.* Boston 1927
Nougier, Louis-René, *Géographie humaine historique.* Paris 1959
Empfehlenswert.
Oberhummer, Eugen, *Der Stadtplan. Seine Entwicklung und geographische Bedeutung.* Berlin 1907
Beispiele überwiegend aus älteren Städten.
Olmsted, Frederick Law., *Public Parks and the Enlargement of Towns.* Cambridge, Mass. 1870
Eine der frühesten und besten Darstellungen umfassender Parkplanung.
Olmsted, Frederick Law. jr. und Theodora Kimball, *Frederick Law. Olmsted, Landscape Architect. 1822—1903.* 2 Bde. New York 1928

Berufliche Aufzeichnungen und wichtige biographische Daten, aber zu sehr auf den Central Park bezogen. Eine erschöpfende Studie über Olmsteds Leben und Werk ist dringend nötig.

Osborn, F. J., *The Future Town and Countryside.* In »The Political Quarterly«, Januar bis März 1943

—, *Green-belt Cities. The British Contribution.* London 1946
Nächst Howards Buch die beste kurze Einführung in die Idee der Gartenstadt.

—, *New Towns after the War.* London 1918. Verbesserte Aufl. 1942
Staatsmännischer Vorschlag — 1942 nicht weniger zeitgemäß als 1918 —, Wohnungen nicht durch irgendwelche sporadischen Stadterweiterungen oder inneren Umbau zu schaffen, sondern durch den Bau ausgewogener Gemeinwesen oder Gartenstädte.

—, *The Planning of Greater London.* With foreword by Sir Raymond Unwin. London 1938
Kurze, aber treffende Kritik an der chaotischen Expansion Londons und endgültige Vorschläge, um ihr zu begegnen — Vorschläge, die nicht nur die vom Bombenkrieg geschaffene Situation vorwegnahmen, sondern umfassende Maßnahmen enthalten, um diese Lage anzupacken.

—, *Progress of the New Towns.* In »TCP«, London, Januar 1950
Ein Zwischenbericht.

—, *Transport, Town Development and Territorial Planning of Industrie. In* »New Fabian Research Bureau«, Nr. 20. London 1934
Treffende Kritik an zentralistischen Tendenzen mit Vorschlägen für eine neue Politik, welche die Grundzüge des Barlow Report vorwegnahm.

Osterweis, Rollin G., *Three Centuries of New Haven. 1638—1938.* New Haven 1953

Owen, Robert, *A New View of Society.* London 1813

Owen, Wilfred, *Cities in the Motor Age.* New York 1959
Zusammenfassung der Beiträge zu einem Symposium über Landstraßenplanung und Großstadtentwicklung.

—, *The Metropolitan Transportation Problem,* Washington 1956
Gut. (Vgl. auch Mitchell und Rapkin.)

Page, J. W., *From Hunter to Husbandman.* London 1939

Palladio, Andrea, *Quattro libri dell'architettura.* Venedig 1616
Unentbehrliche Aufschlüsse über den barocken Plan.

Pallin, Professor H. N., *Anathema over Storstaden (Anathema on the Great Cities).* In »Bulletin 19 of the ›Institutionen for Vagbyggnad och Kommunikationsteknik‹«. Stockholm 1943
Nach der englischen Zusammenstellung zu urteilen, eine Darlegung über Expansion und Zerstörung großer Städte im Hinblick auf die wirtschaftliche Dynamik einer Geldwirtschaft. Zudem eine vernichtende Kritik meines Buches »The Culture of Cities«.

Park, Robert, *Human Communities. The City and Human Ecology.* Glencoe, Ill. 1952
Wertvolle Beiträge eines der Führer der Chicagoer Schule der Stadtsoziologen.

Park, Robert E., E. W. Burgess und R. D. McKenzie, *The City.* With a bibliographie by Louis Wirth. Chicago 1925
Studie über die Stadt als ökologisches Gebilde.

Parke, H. W. und D. E. W. Wormell, *The Delphic Oracle.* Bd. 1, *History.* Oxford 1956
Das beste vorhandene Buch, obwohl es — ganz seinem rätselhaften Thema angemessen — natürlich viele qualvolle und wahrscheinlich unlösbare Probleme offenläßt.

Parkins, Maurice F., *City Planning in Soviet Russia.* Chicago 1953

Parrot, André, *Ziggurats et Tours de Babel.* Paris 1949

Passarge, S. (Herausgeber), *Stadtlandschaften der Erde.* Hamburg 1930
* Pausanias: *Beschreibung Griechenlands. Hrsg. S. Passarge.* Zürich 1954
Der Baedeker der römischen Welt des 2. Jahrhunderts mit umfangreichen Anmerkungen über Lokalgeschichte, Sagen und Mythen, die für die Römer reizvoll, für die Nachwelt langweilig sind, aber eine Fundgrube für jeden, der darin suchen will.
Pearson, S. Vere, *London's Overgrowth. And the Causes of Swollen Towns.* London 1939
Peel, J., *Topographia Galliae.* Amsterdam 1660—1663
Peets, Elbert, *Current Town Planning in Washington.* In »TPR«, Dez. 1931
—, Haussmann. In »TPR«, Juni 1927
Peets, Elbert und Werner Hegemann, *The American Vitruvius.* New York 1922
Reiches Kompendium des historischen Urbanismus.
Pepler, George L., *Open Spaces.* In »TPR«, Jan. 1923
Wichtig.
Pernoud, Régine, *Les villes marchandes aux XIVe et XVe siècles. Impérialisme et capitalisme au moyen age.* Paris 1948
Überwiegend politisch und wirtschaftlich.
Perret, Jacques, *Des fortifications et artifices.* Frankfurt am Main 1602
Beweist, wie vollständig man die Stadt als Ganzes der artilleristischen Verteidigung opferte.
Perrot, Georges und Charles Chipiez, *A History of Art in Ancient Egypt.* London 1883
—, *A History of Art in Chaldea and Assyria.* 2 Bde. New York 1884
Perry, Clarence, *Housing for the Machine Age.* New York 1939
—, *The Neighborhood Unit. A Scheme of Arrangement for the Family-Life Community.* In »Regional Survey of New York and Its Environs«, Bd. VII, New York 1929
Klassische Zusammenfassung durch einen Vorkämpfer der Bewegung für Gemeinschaftszentren.
Peterson, Arthur Everett und George W. Edwards, *New York as an Eighteenth Century Municipality.* 2 Bde. New York 1917
Mittelalterliches Überbleibsel in der Neuen Welt.
Peterson, Eller Theodore u. a., *Cities Are Abnormal.* Norman, Okl. 1946
Petit-Dutaillis, Ch., *Les communes françaises au XIIe siècle.* In »Revue du droit français et étranger«, 1945, 1946
Petrie, William Flinders, *Deshasheh.* London 1898
—, *The Revolution of Civilization.* London 1911
—, *Some Sources of Human History.* New York 1919
Die beiden kleinen Bücher sind die Summe der Erfahrung und des Wissens dieses angesehenen Archäologen, der jetzt von Generationen vernachlässigt wird, die von seiner Riesengestalt überragt werden. Ernsthafte Forscher dürfen sie nicht übersehen.
Pevsner, Nicolaus, *Model Houses for the Laboring Classes.* In »AR«, Mai 1943
Pichon, Armand, *Urbanisme et société. Suivi d'une note sur la ville et le sacré.* Paris 1942
Pierrefeu, François de und Le Corbusier, *The Home of Man.* London 1948
Pinkney, David H., *Napoleon III and the Rebuilding of Paris.* Princeton 1958
Eines der Bücher, die der Würdigung und Rehabilitierung nicht nur Napoleons III., sondern auch des gefürchteten Haussmann gewidmet sind. Ein Akt der Gerechtigkeit, der sich infolge ihres unrühmlichen Endes verzögert hat.
Pirenne, Henri, *Medieval Cities. Their Origins and the Revival of Trade,* Princeton 1925
Trotz vorzüglicher wissenschaftlicher Grundlegung eine irreführende Deutung, die dem Welthandel bei der städtischen Produktion und dem Bevölkerungszuwachs eine Rolle

zuschreibt, die jener nicht spielen konnte und nicht gespielt hat. Bedauerlich wegen seines Einflusses auf Carl Stephenson und andere.

—, *Les Villes et les institutions urbaines.* 2 Bde. Brüssel 1939
Sammlung verschiedener Arbeiten und Artikel über die Stadt.

Pirenne, Jacques, *Les villes dans l'ancienne Egypte.* In »La Ville«, Bd. VII, »Recueils de la Société Jean Bodin«, vgl. »Société Jean Bodin«
Wertvoll, beschränkt sich aber auf die wirtschaftliche und soziale Seite hauptsächlich während der Feudalzeit.

*Pöhlmann, Robert, *Die Übervölkerung der antiken Großstädte im Zusammenhang mit der Gesamtentwicklung städtischer Civilisation.* Leipzig 1884
Studie über die Übervölkerung der antiken Großstädte im Lichte der Ballung im 19. Jahrhundert.

Poëte, Marcel, *Comment s'est formé Paris.* Paris 1925
Ein winziges Buch, vollgestopft mit dem Wissen eines ganzen Lebens.

—, *Introduction à l'urbanisme. L'évolution des villes. La leçon de l'antiquité.* Paris 1929
Empfehlenswert. Das erste Drittel analysiert die sozialen, wirtschaftlichen und geographischen Komponenten des Stadtplans; im übrigen eine spezielle Untersuchung der Stadt in der Antike: Ägypten, Mesopotamien und die griechisch-römische Welt.

—, *Urban Development.* In »›TPR‹ of the University of Liverpool«, Juli 1950

*—, *Une vie de Cité Paris. De sa naissance à nos jours.* Drei Bände Text, ein Band Illustration. Paris 1924—1931, Bd. II Paris 1927

Polanyi, Karl, C. A. Avenberg und H. W. Pearson (Herausgeber), *Trade and Market in the Early Empires.* Glencoe, Ill. 1957
Vorzüglich als Versuch, frühe Wirtschaftsordnungen zu deuten, ohne dabei spätere Handels- und Preisbegriffe hineinzubringen. Verwirrt jedoch, weil es die Marktwirtschaft mit dem Marktplatz identifizieren will. Auch sonst anfechtbar.

Pope, Arthur Upham, *Persepolis as a Ritual City.* In »Archaeology«, Bd. 10, Nr. 2, 1957
Wichtig, weil es die religiöse Bedeutung der Stadt noch zur Zeit des Darius betont.

Powell, Lyman P. (Herausgeber), *Historie Towns of New England.* New York 1898

—, *Historie Towns of the Middle States.* New York 1899

—, *Historie Towns of the Southern States.* New York 1900

Pratt, Edward Ewing, *Industrial Causes of Congestion of Population in New York City.* New York 1911

Preuss, Hugo, *Die Entwicklung des Deutschen Städtewesens. Bd. 1,* Leipzig 1906
Vorzüglich.

Preusser, Conrad, *Die Wohnhäuser in Assur.* In »Ausgrabungen der Deutschen Orient-Gesellschaft in Assur«, Nr. VI, Berlin 1954

Pritchard, James B., *The Ancient Near East in Pictures.* New York 1954

*—, *Ancient Near Eastern Texts.* 2. Aufl. Princeton 1955
Sehr schön ergänzt durch den Bildband.

Prittchett, C. Herman, *The Tennessee Valley Authority. A Study in Public Administration.* Chapel Hill, N. C. 1943

Purdom, C. B., *Britain's Cities Tomorrow.* London 1942

—, *The Building of Satellite Towns. A Contribution to the Study of Town Development and Regional Planning.* London 1925, verbesserte Aufl. 1949
Scharfsinnig und erschöpfend, obwohl in der Dokumentation manchmal eigenwillig.

—, *The Garden City. A Study in the Development of a Modern Town.* London 1913
Bahnbrechende Arbeit von einem der begabtesten Kollegen Howards.

—, *How Should We Rebuild London?* London 1945

—, (Herausgeber), *Town Theory and Practice.* London 1921
Beiträge verschiedener Schriftsteller, darunter wichtige Kapitel von Sir Raymond Unwin, die seinen Regionalplan für London ankündigen.

Quaroni, Ludovico, *Una città eterna - quattro lezioni da 27 secoli.* In »Urbanistica«, Juni 1959
Umfassende Deutung der Entwicklung Roms.

Queen, Stuart Alfred und Lewis Francis Thomas, *The City. A Study of Urbanism in the United States.* New York 1939

Radig, Werner, *Frühformen der Hausentwicklung in Deutschland.* Berlin 1958
Gute kritische Zusammenfassung früher Arbeiten über das primitive Wohnhaus; gut illustrierte Darbietung späterer Funde.

Raleigh, Walter, *Observations Concerning the Causes of the Magnificence and Opulency of Cities.* In »Werke«, Bd. II, London 1751
Immer noch nicht ohne Interesse.

Rannels, John, *The Core of the City.* New York 1956
Ein statistischer Versuch, einen zentralen Brennpunkt städtischen Lebens zu entdecken.

Rapkin, Chester und William C. Grigsby, *Residential Renewal in the Urban Core.* Philadelphia 1960

Rappaport, Philipp, *Sitten und Siedlungen im Spiegel der Zeiten.* Stuttgart 1952

Rasmussen, Steen Eiler, *The Dutch Contribution.* In »TPR«, Oktober 1953

—, *London. The Unique City.* New York 1937
Einfühlende Deutung von Leben und Architektur der liebenswertesten aller großen Hauptstädte.

—, *Neighborhood Planning.* In »TPR«, Januar 1957

*—, *Towns and Buildings.* Cambridge, Mass. 1951
Herrliche Konzeption, scharfe Einsicht, reizvolle Abbildungen — von einem Architekten, der auch im tiefsten Sinne des Wortes Humanist ist.

Raval, Marcel, *Historie de Paris.* Paris 1948

Reclus, Elisée, *The Evolution of Cities.* In »Contemporary Review«, Februar 1895

Redfield, Robert, *The Primitive World and Its Transformations.* Ithaca 1953
Hervorragend.

Reed, Henry Hope und Christopher Tunnard, *American Skyline.* New York 1956
Die erste folgerichtige Darstellung der amerikanischen Stadtentwicklung, besonders anregend und farbig, weil sie bisher ungenutzte literarische Quellen erschließt. Antihistorisch, insoweit es nachahmende geschichtliche Formen als Gegenmittel gegen plumpe und phantasielose moderne Entwürfe gelten läßt. Ein Buch, dessen Mängel seine Vorzüge ein wenig überwiegen.

Regional Survey of New York and Its Environs. 8 Bde. New York 1927—1931

Reichow, Hans Bernard, *Die autogerechte Stadt. Ein Weg aus dem Verkehrschaos.* Ravensburg 1959
Eine deutsche Ausführung der Radburn-Idee.

—, *Organische Stadtbaukunst.* Braunschweig 1948

Reid, James S., *The Municipalities of the Roman Empire.* Cambridge 1913
Immer noch brauchbar.

Reiss, Albert J. jr. und Paul K. Hatt, *Cities and Society. The Revised Reader in Urban Sociology.* Glencoe, Ill. 1957

Renard, G. F. und G. Weulersse, *Life and Work in Modern Europe. Fifteenth to Eighteenth Centuries.* London 1926

Report of the Committee on Land Utilization in Rural Areas (Scott Report). H. M. Stationery Office. London 1942
Beschäftigt sich hauptsächlich mit Garantien der agrarischen und ländlichen Interessen bei der Durchführung der vom »Barlow Report« inspirierten Politik industrieller Streuung.

Report of Expert Committee on Compensation and Betterment (Uthwatt Report). H. M. Stationery Office. London 1942
Meisterhafte Analyse der Frage, wie die Bodenpreise im Zusammenhang mit Streuungsplanung und Bevölkerungsverschiebungen ab- und zunehmen.

Report on Planning in the London Region. Herausgegeben von »Town Planning Institute«. London 1956
Kurz, aber umfassend.

Revesz-Alexander, Dr. Magda, *Die alten Lagerhäuser Amsterdams. Eine kunstgeschichtliche Studie.* 1. Aufl. Amsterdam 1928, 2. Aufl. Den Haag 1954

Rey, Augustin, *The Healthy City of the Future.* In »TPR«, Juli 1915
Hauptsächlich über die Ausrichtung nach der Sonne; von einem der Vorkämpfer dieser späten Wiederentdeckung von Grundsätzen, die Xenophon und seine Zeitgenossen bereits kannten.

Rey, Augustin, Justin Pidoux und Charles Barde, *La science des plans des villes.* Paris 1928
Umfassend, bedarf aber der Neuformulierung.

Richards, J. W., *Castles on the Ground.* London 1946

—, *A Theoretical Basis for Physical Planning.* In »AR«, Februar—März 1942

Richardson, Benjamin War, *Hygeia. A City of Health.* London 1876
Richardson ist zwar mit seinem Programm für Krankenhäuser den heutigen Gemeinwesen noch voraus, doch bleiben manche seiner fortschrittlichsten Vorschriften doch eindeutig hinter dem Üblichen zurück.

Rider, Bertha Carr, *The Greek House. Its History and Development from the Neolithic Period to the Hellenistic Age.* Cambridge 1916
Ergiebiger, als man nach dem Erscheinungsjahr schließen sollte.

Riehl, Wilhelm Heinrich, *Culturstudien aus drei Jahrhunderten.* Stuttgart 1859
Siehe besonders »Das landschaftliche Auge« und die »Augsburger Studien«.

—, *Die Naturgeschichte des Volkes als Grundlage einer deutschen Social-Politik.* Bd. I, *Land und Leute;* Bd. II, *Die bürgerliche Gesellschaft;* Bd. III, *Die Familie;* Bd. IV, *Wanderbuch* (als zweiter Theil zu »Land und Leute«). 6. Aufl. Stuttgart 1866—1882
Wichtiges Werk eines großen Kulturhistorikers vom gleichen Rang wie der Italiener de Sanctis. Siehe besonders die Kapitel über die Stadt im 1. und 4. Band, sowie über das Haus im 3. Band.

Riemer, Svend, *The Modern City.* New York 1952

Riesman, David, *The Lonely Crowd.* New York und New Haven 1950

—, *The Surburbian Dislocation.* In »The Annals of the American Academy of Political and Social Science«, November 1957

Rivet, Paul, *Maya Cities.* New York 1954

Roberts, Lewes, *The Treasure of Trafficke.* London 1641

Robinson, Charles Mulford, *The Improvement of Towns and Cities.* New York 1901

—, *Modern Civic Art, or the City Made Beautiful.* New York 1903
Zu seiner Zeit ein vorzügliches Buch und noch heute lohnend.

—, *The Width and Arrangement of Streets. A Study in Town Planning.* New York 1911
Bahnbrechende Arbeiten in der Nachfolge Olmsteds.

Robson, William A., *The Government and Misgovernment of London.* London 1939

Robson, William A. (Herausgeber), *Great Cities of the World. Their Government, Politics and Planning.* New York 1955

Rochette, M. Raoul, *Histoire critique des établissements des colonies Grecques.* 4 Bde. Paris 1815

Seinerzeit so gut, daß es anscheinend weitere Forschungen verhindert hat.

Rodgers, Cleveland und Rebecca Rankin, *New York. The World's Capital City.* New York 1948

Rodwin, Lloyd, *The British New Towns Policy. Problems and Implications* Cambridge, Mass. 1956

Gelehrte Beurteilung, positives Urteil über die britische Politik für »New Towns«, aber nicht frei von irrigen Vorstellungen hinsichtlich Howards ursprünglicher Absichten; ferner voreilige Schlüsse über das Endergebnis dieser Methode. (Vgl. Osborns Gegenangriff in »Land Economics«, August 1956.)

Rogers, E. N., J. Tyrwhitt und J. L. Sert (Herausgeber), *The Heart of the City.* New York 1952

Romanelli, Pietro, *Il foro Romano.* Rom 1959

—, *The Palatinate.* Rom 1956

Roper, Marion Wesley, *The City and the Primary Group.* Chicago 1935

Rosenau, Helen, *The Ideal City.* London 1959

Vorzügliche Absicht, aber enttäuschende Ausführung.

Rosenstock, Eugen, *Werkstatt aus Siedlung. Untersuchungen über den Lebensraum des Industriearbeiters.* Berlin 1922

Rostovtzeff, Michael I., *Out of the Past of Greece and Rome.* New Haven 1932

Siehe die Kapitel »A City Arisen« und »Caravan Cities«.

—, *Die hellenistische Welt.* Stuttgart 1955

Dürftige Hinweise auf die Stadt.

Rostovtzeff, Michael u. a., *Urban Land Economics.* Ann Arbor 1922

Siehe vor allem Rostovzeff über Städte in der antiken Welt und Mary Shine über städtischen Boden im Mittelalter.

Roupnel, Gaston, *La ville et la campagne au XVIIe siècle.* Paris 1922

Rouse, Clive, *Old Towns of England.* London 1936

Roussel, Pierre, *Délos. Colonie Athénienne.* In »Bibliothèque française d'Athènes et de *Rome*«, Paris 1916

Rowntree, B. Seebohm, *Poverty. A Study of Town Life.* New York 1901

—, *Poverty and Progress.* London 1942

Zwei Arbeiten über York im Abstand von einem Menschenalter. Aufschlußreich.

Ruskin, John, *The Stones of Venice. 2 Bde.* London 1851

Hier liegen die wesentlichen Anfänge einer sozialen Deutung der Architektur und der baulichen Deutung der Gesellschaft, doch zeigt die Vernachlässigung des Stadtganzen die typische Beschränktheit der Epoche.

Russel, Josiah Cox, *Late Ancient and Medieval Population.* Philadelphia 1958

Ryerman, D. (Herausgeber), *Country Towns in a Future England.* London 1944

Anfänge gemeinsam erhobener Ansprüche britischer Landstädte gegenüber den größeren Städten.

* W. Saarinen, Eliel: *The City. Its Growth, Its Decay, Its Future.* New York 1943

Verständiges Plädoyer für die dezentralisierte Neuordnung großer Zentren durch einen ausgezeichneten Architekten und Stadtplaner.

Samonà, Guiseppe, *L'urbanistica e l'avvenire delle città.* Bari 1959

Sanders, S. E. und A. J. Rabuck, *New City Patterns. The Analysis of and a Technique for Urban Reintegration.* New York 1946

* Sauer, Carl O., *Agricultural Origins and Dispersals.* »Bowman Memorial Lectures«, Series 2, New York 1952
Umfassende Beobachtungen und scharfe Argumentation, die den ganzen Prozeß der Domestizierung und menschlichen Seßhaftwerdung neu deutet. Hervorragender Beitrag des Nestors der amerikanischen Geographen, dessen Beherrschung weiter Ausblicke ihn eng mit George Perkins Marsh verbindet.

Savage, Wm., *The Making of Our Towns.* London 1952

Savoia, Umberto, *Turin, the »Regular« Town.* In »TPR«, Juni 1927

Schaal, Hans, *Ostia. Der Welthafen Roms.* Bremen 1957
Gut.

Schedel, Hartmann, *Weltchronik.* Nürnberg 1493
Reich illustriert mit Michael Wohlgemuths Holzschnitten von Stadtbildern. Plumpe Technik und zweifelhafte Zuverlässigkeit; so wird derselbe Bildstock immer wieder für verschiedene Städte verwendet.

Schevill, Ferdinand, *History of Florence. From the Founding of the City through the Renaissance.* New York 1936

Schlesinger, Arthur Meier, *The Rise of the City. 1878—1898.* New York 1933
Solide Deutung der amerikanischen Geschichte im Hinblick auf verschiedene städtische Manifestationen, aber ohne Verständnis für die Stadt als Einheit.

Schmökel, Hartmut, *Ur, Assur und Babylon. Drei Jahrtausende im Zweistromland.* Stuttgart 1955
Geschichtliche Studie mit gelegentlichen Ausblicken auf die Stadt.

Schmoller G., *Deutsches Städtewesen in älterer Zeit.* In »Bonner staatswissenschaftliche Untersuchungen«, Heft 5, Bonn 1922

Schneider, Arthur, *Stadtumfänge im Altertum.* In »Geographische Zeitschrift«, 1, 1895

Schultz, Alwin, *Das häusliche Leben der europäischen Kulturvölker vom Mittelalter bis zur zweiten Hälfte des XVIII. Jahrhunderts.* München 1903

Schultze-Naumburg, Paul, *Die Gestaltung der Landschaft durch den Menschen.* Bd. 7, Teil 1, *Wege und Straßen;* Teil 2, *Die Pflanzenwelt und ihre Bedeutung im Landschaftsbilde.* Bd. 8, Teil 3, *Der geologische Aufbau der Landschaft und die Nutzbarmachung der Mineralien;* Teil 4, *Die Wasserwirtschaft.* Bd. 9, Teil 5, *Industrie.* Teil 6, *Siedlungen.* München 1916
Eine Arbeit von grundlegender Bedeutung für die kunstvolle und ordentliche Umgestaltung der Umwelt durch den Menschen.

—,* *Kulturarbeiten.* Bd. I, *Hausbau.* Bd. 2, *Garten.* Bd. 3, *Dörfer und Kolonien.* Bd. 4, *Städtebau.* Bd. 5, *Kleinbürgerhäuser.*

Schumacher, Fritz, *Darstellungen des soziologischen Zustandes im Hamburgisch-Preußischen Landesplanungsgebiet.* Hamburg 1931

—, *Wesen und Organisation der Landesplanung im Hamburgisch-Preußischen Planungsgebiet.* Hamburg 1932
Zwei Berichte aus einer Reihe über Landplanung im Gebiet von Hamburg von dem führenden deutschen Baumeister und Planer seiner Generation.

—, *Das Werden einer Wohnstadt. Bilder vom neuen Hamburg.* Hamburg 1932

Schwann, Bruno, *Town Planning and Housing Throughout the World.* Berlin 1935
Internationales Symposion. (Vgl. Hegemann, das früher und besser ist.)

Scott, Mel., *The San Francisco Bay Area. A Metropolis in Perspective.* Berkeley 1959
Abgerundete Studie, die in anderen Stadtgebieten weite Nachahmung verdient.
Scotto, Francesco, *Itinerario d'Italia. Ove si decrivono tutte le principali città d'Italia.* Rom 1747
Seidensticker, Wilhelm, *Umbau der Städte.* Essen 1959
Self, Peter, *Cities in Flood. The Problems of Urban Growth.* London 1957
Kluge und abgerundete Darstellung dieses komplexen Themas.
Sert, José Luis, *Can Our Cities Survive? An ABC of Urban Problems.* Cambridge, Mass. 1942
Fortführung einer gemeinsamen Studie des »Congrès International des Architects Modernes« (C. I. A. M.), jedoch behindert durch die Begrenzung des ursprünglichen Programms, das die Funktionen der Stadt auf Wohnung, Verkehrswesen, Erholung und Geschäftsleben beschränkte.
—, *The Human Scale in City Planning.* In »The New Architecture and City Planning«, Hrsg. von Paul Zucker, New York 1944
Sestieri, Pellegrino Claudio, *Paestum.* Rom 1958
Shambaugh, Bertha, *Amana that Was and Amana that Is.* Iowa City 1927
Beschreibung des erfolgreichsten aller utopischen Gemeinwesen, das wegen seiner städtischen und regionalen Planung beachtlich ist. Eine ausführlichere Studie ist dringend nötig, solange das Beweismaterial noch vorhanden ist. Dieses außerordentliche Experiment unbeachtet zu lassen, ist eine Schande für die Wissenschaft.
Sharon, Arieh, *Collective Settlements in Israel.* In »TPR«, Jan. 1955
—, *Planning in Israel.* In »TPR«, April 1952
Sharp, Thomas, *Cathedral City. A Plan for Durham.* London 1945
—, *Exeter Phoenix. A Plan for Rebuilding.* London 1946
Beide Studien sind nach Form und Inhalt vorzüglich. Sie betonen die praktische und ästhetische Seite der Planung, übersehen jedoch nicht die gesellschaftlichen und politischen Faktoren.
—, *Town and Countryside. Some Aspects of Urban and Rural Development.* New York 1933
Lebendige Argumentation über die Grundsätze städtischer und ländlicher Planung seitens eines tüchtigen Planers. Etwas störend ist die unsinnige Abneigung gegen die Gartenstadt, die er schlechter offener Vorstadtplanung gleichsetzt.
Shillabar, Caroline. *Edward I. Builder of Towns.* In »Speculum«, Nr. 3, 1947
Siedler, Ed. Jobst, *Märkischer Städtebau im Mittelalter. Beiträge zur Geschichte der Entstehung, Planung und baulichen Entwicklung der märkischen Städte.* Berlin 1914
Gründliche Arbeit über deutsche Kolonialstädte.
Sieffert, P. Archangelus. *Altdorf. Geschichte von Abtei und Dorf.* Straßburg 1950
Obwohl sich diese Klostergemeinde niemals zu einer Stadt entwickelt hat, illustriert ihre Geschichte den andernorts weiterentwickelten Prozeß. Der Forscher, der dies Werk fortsetzt, wird der Geschichte des Urbanismus einen Dienst leisten.
Sigerist, Henry E., *Landmarks in the History of Hygiene.* New York 1956
Simmel, Georg, *Großstadt und Kulturleben.* In »Die Großstadt«, Dresden 1903
Simon, Ernest (Lord Simon of Wythenshawe), *The Rebuilding of Manchester.* New York 1935
Von dem klugen Industriellen, der bei der Wiedergeburt Manchesters eine führende Rolle gespielt hat.
Simon, John, *Reports Relating to the Sanitary Condition of the City of London.* London 1854
Wichtige Dokumentation.

Sinclair, Robert, *Metropolitan Man. The Future of the English.* London 1937

Singer, Charles, E. J. Holmyard und A. R. Hall (Herausgeber), *A History of Technology.* Bd. 1, *From Early Times to Fall of Ancient Empires;* Bd. III, *The Mediterranean Civilizations and the Middle Ages.* Oxford 1954

Mindestens in diesen beiden Bänden viel wertvolles Material.

Sisi, Enrico, *L'urbanistica negli studi di Leonardo da Vinci.* Florenz 1953

Sammlung von Leonardos Notizen, die bisher nur in verstreuten Hinweisen in den Tagebüchern zugänglich waren.

Sismondi, Jean, *Histoire des républiques italiennes du moyen âge.* 16 Bde. Paris 1815—1818

* Sitte, Camillo, *Der Städtebau nach seinen künstlerischen Grundsätzen.* Wien 1899, 5. Aufl. 1922

Analyse von Stadtformen vom ästhetischen und sozialen Standpunkt. Die erste wirkliche Beurteilung der Methoden bei der Anlage der mittelalterlichen Stadt, zumal der Squares mit ihrer häufig asymmetrischen Anordnung.

—, *The Size and Social Structure of a Town.* Herausgegeben von »National Council of Social Service«. London 1943.

Nützliche Arbeit über ein oft vernachlässigtes Thema.

Sjobert, Gideon, *The Preindustrial City. Past and Present.* Glencoe, Ill. 1960

Sly, John Fairfield, *Town Government in Massachusetts. 1620—1930.* Cambridge 1930

Smailes, A. E., *The Geography of Towns.* London 1953

Sehr gute Einführung. (Siehe auch Griffith, Taylor, Kickingson und Hassert.)

Smith, Adam, *Der Reichtum der Nationen.* 2 Bde. Paris 1815—1818

Das 1. und 3. Kapitel im 3. Buch zeigen, daß Smith grundlegendes Verständnis für die Volkswirtschaftslehre im weitesten Sinne besaß, also einschließlich der Lehre der Stadtwirtschaft und ihrer öffentlichen Arbeiten. Daß diese Betrachtungsweise später aus den Wirtschaftswissenschaften verschwand, war symptomatisch. Marshall und erst recht Bücher, Sombart und N. S. B. Gras halfen, die Stadt wieder einzubeziehen.

Smith, E. Baldwin, *Architectural Symbolism of Imperial Rome and the Middle Ages.* Princeton 1956

Smith, Robert, *Colonial Towns of Spanish and Portuguese America.* In »JSAH«, Dez. 1955

Smith, Wilfred, *Industry and the Countryside.* In »TPR«, Okt. 1954

Snow, W. Brewster (Herausgeber), *The Highway and the Landscape.* New Brunswick, N. J. 1959

Sombart, Werner, *Der Begriff der Stadt und das Wesen der Städtebildung.* In »Brauns Archiv«, Bd. 4, 1907

—, *Krieg und Kapitalismus.* München 1913

—, *Luxus und Kapitalismus.* München 1913

Beide Bücher geben viele Aufschlüsse über die barocke Stadt.

—, *Der Moderne Kapitalismus.* 4 Bde. München 1902—1927.

2. Band, 2. Teil über »Ursprung und Wesen der modernen Stadt« bringt seine Theorie von der Stadt. Siehe ferner 25. Kapitel im 3. Band über die Beziehungen zwischen Bevölkerungsbewegung und Städtebau. Sombart hat ebenso wie Bücher, Schmoller und Max Weber viel über die Stadt zu sagen. Seine Vorstellung von der Stadt als vornehmlich einer Gruppe von Verbrauchern ist logisch und historisch richtig — im Gegensatz zu der üblicherweise herausgestellten Funktion als Markt und Tauschzentrum.

Soria y Mata, Arturo, *La ciudad lineal.* Madrid 1931

Schon 1882 vorgeschlagen. (Siehe vollständigen Bericht bei Collins.)

* Sorre, Maximilien, *Les fondements de la géographie humaine.* Bd. I, *Les fondements biologiques;* Bd. II, *Les fondements techniques;* Bd. III, *L'habitat.* Paris 1950—1952
In allen Bezügen menschlicher Geographie vortrefflich.

Speed, John, *England, Wales, Scotland, and Ireland.* London 1627

Speiser, Ephraim Avigdor, *The Beginning of Civilization in Mesopotamia.* In »The Beginning of Civilization in the Orient«, American Oriental Society Symposium. Baltimore 1939

Spengler, Oswald, *Der Untergang des Abendlandes.* München 1920
Wichtig wegen der Betonung der Rolle, welche die Stadt als kulturbildender Faktor spielt.

Spielvogel, *Samuel, A Selected Bibliography in City and Regional Planning.* Washington 1951
Immer noch nützlich.

Staley, Eugene, *World Economy in Transition.* New York 1938

Stamp, L. Dudley, *Man and the Land.* London 1955

Stanislavski, D., *The Origin and Spread of the Grid Pattern Towns.* In »Geographical Review«, 1946

—, *Early Spanish Town Planning in the New World.* In «Geographical Review», 1947

Starkey, Thomas, *England in the Reign of Henry VIII. A Dialogue between Cardinal Pole and Thomas Lupset.*
Geschrieben zwischen 1536 und 1538. London 1878

* Stein, Clarence S., *New Towns for America.* New York 1951
Kritische und selbstkritische Studie der Wohnungsbau- und Planungsexperimente, an denen Stein maßgeblich beteiligt war, von »Sunnyside Gardens«, bis »Radburn« und von »Greenbelt« bis »Baldwin Hills Village«. Für den ernsten Forscher unentbehrlich. (Vgl. Henry Wright.)

—, *Stockholm Builds a New Town.* In »Planning«, 1952

Stephenson, Carl, *Borough and Town. A Study of Urban Origins in England.* Cambridge, Mass. 1933
Gründliche Arbeit mit genügender Berücksichtigung des Wachstums der mittelalterlichen Stadt auf dem Kontinent; leider allzu stark von Pirenne beeinflußt.

Stephenson, Flora und Gordon, *Community Centres.* London 1946

Stephenson, Gordon, *Design in Its Relation to Economic Factors.* In »TPR«, Jan. 1953

—, *Town Planning, Contemporary Problem of Civic Design.* In »TPR«, Juli 1949

—, *The Wrexham Experiment.* In »TPR«, Jan. 1954

Stephenson, Gordon u. a., *The Planning of Residential Areas.* In »JRIBA«, Febr. 1946

Stewart, Cecil, *Naarden — Stellar City.* In »JTPI«, April 1953
Studie über eine der vollkommensten noch vorhandenen Festungsanlagen des Barock, eine wahre Seerosenstadt. Siehe Abb. 49.

Stöckli, Arnold, *Die Stadt. Ihr Wesen und ihre Problematik. Eine soziologische und städtebauliche Betrachtung.* Köln 1954

Stokes, I. N. P., *Iconography of Manhattan.* 6 Bde. New York 1915—1928
Unschätzbares Quellenbuch, leider nur in kleiner Auflage.

* Stow, John, *A Survey of London. Conteyning the Originall, Antiquity, Increase, Modern State, and Description of That City etc.* 1. Aufl. London 1528; 2. Aufl. 1603 (Nachgedruckt in »Everyman Series«. 6. Aufl. verbessert und herausgegeben von John Strype, 2 Bde. London 1754—1755.
Einer der Klassiker der städtischen Geschichtsschreibung.

—, *The Structure and Growth of Residential Neighborhoods in American Cities.* Herausgegeben von »Federal Housing Administration«. Washington 1939
Realistische Schilderung vom Wachstum amerikanischer Städte.

Sullenger, T. Earl, *Sociology of Urbanization. A Study in Urban Society.* Ann Arbor 1956

Tait, James, *The Medieval English Borough. Studies on Its Origins and Constitutional* History. Manchester 1936

—, *Medieval Manchester and the Beginnings of Lancashire.* Manchester 1904

Tanzer, Helen H., *The Common People of Pompeii. A Study of the Graffiti.* In »The Johns Hopkins University Studies in Archaeology«, Nr. 29, Baltimore 1939
Aus den Zeichen, Bemerkungen und Kritzeleien, die überreich auf den Mauern der zerstörten Stadt zu finden sind, stellt die Verfasserin ein Bild des täglichen Lebens in dieser Provinzstadt zusammen, das teilweise den Mangel anderer Arten von literarischen Hinweisen auf das Leben in der römischen Provinz aufwiegt.

Tappan, Henry P., *The Growth of Cities.* New York 1855

Tarn, W. W., *Hellenistic Civilization.* London 1927. 3. Aufl., verbessert zusammen mit Griffith, 1952
Enthält ein ganzes Kapitel über die griechischen Städte dieser Zeit und dazu eine gute Erörterung von Monarchie, Stadt und Städtebund. Vortrefflich. (Über die Rolle der Könige siehe jedoch A. H. M. Jones.)

Taylor, E. A., *The Relation of Open Country Population to Villages and Cities.* Ithaca 1934

Taylor, Graham Romeyn, *Satellite Cities. A Study of Industrial Suburbs.* New York 1915
Frühe Arbeit über die innere Dezentralisation der Großstadt durch den Bau eines Randbezirkes für die Schwerindustrie. Beweist, daß die jetzt so handgreiflichen Bestrebungen schon lange im Kommen waren.

Taylor, Griffith, *Environment, Village and City. A Genetic Approach to Urban Geography; with Some Reference to Possibilism.* In »The Annals of the Association of American Geographers«, März 1942

—, *Urban Geography. A Study of Site, Evolution, Pattern, and Classification in Villages, Towns and Cities.* London 1949

Taylor, William Coke, *Factories and Factory System. From Parliamentary Documents and Personal Examination.* London 1844

—, *Notes on a Tour in the Manufacturing Districts of Lancashire in a Series of Letters to His Grace the Archbishop of Dublin.* London 1842

Terpenning, Walter A., *Village and Open Country Neighborhoods.* New York 1931
Bahnbrechende Studie, die fortgesetzt und erweitert werden muß.

Thackrah, Charles Turner, *The Effects of the Principal Arts, Trades, and Professions, and of Civic States and Habits of Living, on Health and Longevity with a Particular Reference to the Trades and Manufactures of Leeds.* London 1831
Wertvoll wegen der Ausblicke auf die Industriestadt.

Thomas, James Henry, *Town Government in the Sixteenth Century.* London 1933

* Thomas, William L. jr. (Herausgeber), *Man's Role in Changing the Face of the Earth.* Chicago 1956
Dieses Buch ist der erschöpfende Bericht über ein denkwürdiges Symposion im Geiste von George Perkins Marsh und unter der Leitung von dessen Nachfolger Carl Sauer. Man beachte besonders die Artikel von Harrison Brown, Artur Glikson. C. D. Harris, L. E. Klim, H. E. Landsberg, L. Mumford, C. O. Sauer und W. A. Thompson.

Thompson, Homer A., *The Agora at Athens and the Greek Market Place.* In »JSAH«, Dez. 1954

—, *Stoa of Attalos.* In »Archaeology«, Herbst 1949
Eingehende Untersuchung des Beitrages, den Pergamon zum hellenistischen Athen geleistet hat.

Thompson, J. Eric S., *The Rise and Fall of Maya Civilization.* Norman, Okl. 1954
Ergänzt Morley, behandelt aber die Stadt nicht so ausführlich.

Thomson, Robert Ellis, *The History of the Dwelling House and Its Future.* Philadelphia 1914
Ein früher Versuch mit nicht ausreichenden Daten.

Thornbury, Walter, *Old and New London. A Narrative of Its History, Its People, and Its Places.* 6 Bde. London und New York o. J.
Nach dem Inhalt zu schließen, wurde das letzte Kapitel 1878 geschrieben. Da es einem Teil des Stoffes so nahe ist, werden manchmal Mängel der wissenschaftlichen Genauigkeit aufgewogen.

Thorndike, Edward L., *Your City.* New York 1939
Ein ansprechender Versuch, an vergleichbare Leistungen amerikanischer Städte einen Wertmaßstab zu legen.

Thorndike, Lynn, *Sanitation, Baths, and Street-cleaning in the Middle Ages and Renaissance.* Abdruck aus »Speculum«. Cambridge, Mass. 1928
Wichtige kritische Darstellung, die Unwissenheit und Fehlinterpretation auf einem Gebiet beseitigen sollte, wo die volkstümliche amerikanische Forschung noch heute unzulänglich bleibt.

Tomkinson, Donald, *The Landscape City.* In »JTPI«, Mai 1959

—, *The Marseilles Experiment.* In »TPR«, Okt. 1953

Tout, Thomas Frederick, *The Collected Papers of Thomas F. Tout.* With as Memoir and Bibliography. Manchester 1934
Besonders die Kapitel über mittelalterliche Stadtplanung und den Ursprung der englischen Bürokratie. Touts Überblicke über die neuen Städte und Basteien erschloß neue Gebiete, doch leidet sein Werk darunter, daß er eine zu begrenzte Vorstellung vom Wesen des Plans hatte.

Toutain, J., *Les cités romaines de la Tunisie. Essai sur l'histoire de la colonisation romaine dans l'Afrique du Nord.* Paris 1896
Vortrefflich.

—, *The Town Planning Review:* Liverpool 1911 — fortlaufend.
Unschätzbar.

Toy, Sidney, *A History of Fortification. From 3000 BC to AD 1700.* London 1955
Anregend, aber unvollständig, z. B. übergeht er Vauban, der die Kunst vollendet und zugleich untergraben hat.

Toynbee, Arnold Joseph, *A Study of History.* 10 Bde. London 1934
Gut als Analyse der Umwelt im allgemeinen; bisher jedoch unzulänglich, weil er die entscheidende Bedeutung von Stadt und Kloster für die Entwicklung von Institutionen und Persönlichkeit nicht erkennt.

Traa, Ir. C van (Herausgeber), *Rotterdam, De geschiedenis van tien jaren wederopbouw.* Rotterdam 1955
Der Wiederaufbau Rotterdams.

—, *Transactions. The Town Planning Conference.* Herausgegeben von »Royal Institute of British Architects«, London 10.—15. Okt. 1910
Eine epochemachende Konferenz, deren Aufzeichnungen es mit den späteren Zusammenkünften in Antwerpen und Berlin aufnehmen. (Vgl. Hegemann)

Tucker, T. G., *Life in Ancient Athens*. New York 1906
Elementar, aber immer noch nützlich.

Tunnard, Christopher, *The City of Man*. New York 1953
Viel neues Material über die Stadt und ihre Planung in den letzten Jahrhunderten, häufig glänzend dargestellt. Übt mit Recht Kritik an dem anti-ästhetischen Übergewicht von vielem, was heute als Stadtplanung und moderne Baukunst durchgeht. Neigt jedoch zu allzugroßer Nachsicht gegenüber den Schwächen eines rückwärts gewandten Eklektizismus, der den unausweichlichen Forderungen unserer Zeit nach Kontinuität und vernünftiger Ordnung ausweicht. Die Eigenwilligkeit des Urteils macht dieses Buch wertvoll, doch sollte man es vielleicht Anfängern nicht in die Hand geben. Seine Vorzüge überwiegen jedoch gegenüber seinen Mängeln. (Vgl. H. H. Reed.)

Tyrwhitt, Jacqueline (Herausgeber), *Patrick Geddes in India*. London 1947.
Vorzügliche Auswahl.

—, *Size and Spacing of Urban Communities*. In »JAIP«, Sommer 1949

* Unger, Eckhard, *Das Stadtbild von Assur*. In »Der Alte Orient«, Bd. 27, Nr. 3
Schilderung von Anlage und Inhalt der Stadt Assur stützt sich auf Ausgrabungen und den Text einer Stadtbeschreibung aus dem 7. Jahrhundert vor Christus. Solche Verbindung von Beweismaterial ist selten und wichtig. (Vgl. Herodot)

Unwin, Raymond, *High Building in Relation to Town Planning*. In »JAIA«, März 1924
Ein klassischer Aufsatz.

—, *The Housing Problem. How Planned Distribution May Prevent Crowding*. In »Journal of the Royal Institute«, Nr. 10, 1936

—, *Nothing Gained by Overcrowding*. London o. J., um 1903
Noch ein klassisches Werk, das grundlegend wurde für die offene Planung britischer Wohnsiedlungen nach 1920. Noch wichtiger, daß es nachwies, wie unbedenklich bei der damaligen Planung Raum für Erholungszwecke auf Straßen verschwendet wurde. Bereitete damit dem Superblock von Stein und Wright den Weg.

—, *Town Planning in Practice. An Introduction to the Art of Designing Cities and Suburbs*. (1. Aufl. London 1909), Neudruck 1932
Nächst Olmsted war Unwin (mit seinem Partner Barry Parker) der führende Stadtplaner seiner Generation. Dieses Buch ist eine Zusammenfassung seines Werdegangs und seiner Erfahrung, doch lagen Unwins wirksamste Beiträge auf dem Gebiet der offenen Planung. Eine umfassende Darstellung seines Lebens und Wirkens ist dringend nötig.

—, *Urban Redevelopment. The Pattern and the Background*.
Vortrag, gehalten vor dem »Town Planning Institute« am 12. Juli 1935.

—, *Urbanisme et Habitation*. Sondernummer Juli—Dez. 1953
Über Haussmann und seine Planung.

Urban Development and Urban Transportation. Herausgegeben von »Princeton University Conference«. Princeton 1957

Urban Planning and Land Politics. Herausgegeben von »National Resources Committee«. 2 Bde. Washington 1939
Band II enthält Schilderungen neuer Gemeinwesen in Amerika und Europa.

Urbanistica, Rivista trimestrale dell'Instituto Nazionale di Urbanistica. Turin 1930, fortlaufend.
Im Laufe der Jahre hat diese Revue eine Reihe von wichtigen Monographien veröffentlicht, die hübsche Bilder, Karten und Pläne enthalten und überwiegend (aber nicht ausschließlich) die Entwicklung italienischer Städte behandeln. Empfehlenswert.

Vance, Rupert B. und Nicholas J. Demerath (Herausgeber), *The Urban South.* Chapel Hill, N. C. 1954

Vandier, J., *D'archéologie égyptienne.* Paris 1955

Vernon, Reymond, *Metropolis 1985.* New York 1960
Zusammenfassender Band einer Reihe von eingehenden Studien über die Großstadt New York.

Vidal de la Blanche, Paul Marie Joseph, *Principles of Human Geography.* Übers. New York 1926

La Vie Urbaine. Zeitschrift. 1919 fortlaufend

Vigman, Fred K., *The Crisis of Cities.* Washington 1955

La Ville. 1. Teil, *Institutions administratives et judiciaires.* Brüssel 1954. 2. Teil, *Institutions économiques et sociales.* Brüssel 1955. Herausgegeben von »La Société Jean Bodin«
Diese Arbeiten verschiedener Gelehrter umfassen einen weiten geschichtlichen und geographischen Bereich.

Les villes d'art célèbre. 76 Bde. Paris 1906—1936
Vor allem wegen seiner Abbildungen nützlich.

Violich, Francis, *Cities of Latin America. Housing and Planning to the South.* New York 1944
Bahnbrechende Untersuchung.

Visser, Elizabeth, *Polis en Stad.* Amsterdam 1947

de Voe, Thomas F., *The Market Book.* New York 1862

Voelcker, H. (Herausgeber), *Die Stadt Goethes. Frankfurt am Main im XVIII. Jahrhundert.* Frankfurt am Main 1932

Voigt, A. H. und P. Goldner, *Kleinhaus und Mietskaserne.* Berlin 1905
Verteidigt Bodenspekulation und spekulatives Bauen. Eberstadt hat es den »Katechismus für Spekulanten« genannt.

Volckers, Otto, *Dorf und Stadt. Eine deutsche Fibel.* Leipzig 1944
Weist nach, wie eng in Mitteleuropa Anlage und Entwurf von Dorf und Stadt sind.

Wade, Richard C., *The Urban Frontier. The Rise of Western Cities 1790—1830.* Cambridge, Mass. 1960

Wagner, Martin, *Wirtschaftlicher Städtebau.* Stuttgart 1911
Der frühere Stadtplaner von Berlin war ein tüchtiger Praktiker und hatte theoretisches Verständnis.

Wagner, Otto, *Die Großstadt. Eine Studie.* Wien 1911

Wales, H. G. Quaritch, *The Mountain of God. A Study in Early Religion and Kingship.* London 1953

Walker, Robert A., *The Planning Function in Urban Government.* Chicago 1941

Warner, W. L. und Paul S. Lunt, *The Social Life of a Modern Community.* New York 1941

Wattjes, J. H. und P. A. Warners, *Amsterdam. Vier eeuwen bouwkunst.* Amsterdam 1956
Überblick über vierhundert Jahre Architektur, hört aber leider mit dem 19. Jahrhundert auf.

Webb, Sidney und Beatrice, *English Local Government from the Revolution to the Municipal Corporation Act. The Story of the King's Highway.* New York 1913

—, *The Manor and the Borough.* Teil I und II. New York 1908

* Webber, Adna Ferrin, *The Growth of Cities in the Nineteenth Century. A Study in Statistics.* New York 1899
Klassische Pionierarbeit, doch bedarf das ganze Gebiet sorgfältiger Überprüfung.

Weber, Adolf, *Die Großstadt und ihre sozialen Probleme.* Leipzig 1908

Weber, Alfred, *Theory of the Location of Industries.* Chicago 1929
Ein Versuch, die theoretische Verteilung nach Verkehrskosten und regional eingesetzten Arbeitskräften sowie häufungsfördernde Faktoren in der Industrie zu ermitteln.
Weber, Max, *Die Stadt 1921*
Für seine Zeit vorzüglich, aber heute als allgemeine Theorie der Stadt nicht mehr ausreichend. (Vgl. Sjobert)
—, *Wirtschaft und Gesellschaft.* 2 Bde. 2. Aufl. Tübingen 1925
Zweiter Teil des ersten Bandes enthält ein Kapitel über die Stadt.
Weeden, William B., *Economic and Social History of New England, 1620— 1789.* 2. Bde. Boston 1890
Selbst heute noch ungewöhnlich gut.
Wehrwein, George S. und Richard T. Ely, *Land Economics.* New York 1940
*Wells, Herbert George, *Anticipations of the Reaction of Mechanical and Scientific Progress upon Human Life and Thought.* London 1902
Die Kapitel über Fortbewegungsmittel und die wahrscheinliche Auflösung der Großstädte sind Marksteine der Sozialprophetie.
—, *A Modern Utopia.* London 1905
—, *New Machiavelli.* London 1911
—, *Tono-Bungay.* London 1909
In »New Machiavelli« und in »Tono-Bungay« beachtliche Schilderungen Londons.
Westergaard, John, *Journeys to Work in the London Region.* In »TPR«, April 1957
Wichtig, weil es viele Faktoren darstellt, die in K. Liepmanns Studie fehlen.
Wetzel, Friedrich, *Die Stadtmauern von Babylon.* Leipzig 1930
Siehe Artikel von Eckhard Unger: »Zur Topographie Babylons nach der keilinschriftlichen Überlieferung«.
* Wheeler, Mortimer, *The Indus Civilization.* In »Cambridge History of India«. Cambridge 1953
Vorzügliche Zusammenfassung der heute bekannten Fakten durch den begabten früheren Generaldirektor des »Archäologischen Instituts« in Indien.
Wheeler, William Morten, *The Social Insects and Their Origin and Evolution.* New York 1928
—, *Emergent Evolution and the Development of Societies.* New York 1928
Whitaker, Charles Harris, *From Rameses to Rockefeller.* New York 1934
Soziale Interpretation der Baukunst durch einen scharfen Kritiker, dessen Arbeit als Herausgeber des »JAIA« der Bewegung für Wohnungsbau und Gemeinschaftsplanung in den USA eine neue Grundlage schuf.
White, Richard W., *A Study of the Relationship between Mental Health and Residential Environment.* Cambridge, Mass. 1957
White, William H. jr., *The Exploding Metropolis.* New York 1958
Plädiert für die Stadt als Treffpunkt gegen die Vorstädte und die Reglementierung durch Hochhäuser.
Wibberly, G. P., *Agriculture and Urban Growth. A Study of the Competition for Rural Land.* London 1959
Wiener. Norbert, *The Human Use of Human Beings.* 1. Aufl. New York 1950, verbesserte Aufl. 1954
Wichtig hinsichtlich der Stadt als Zentrum für Begegnungen.
Wiese, Leopold von, *Ländliche Siedlungen.* In »Handwörterbuch der Soziologie«, Stuttgart 1931

Willey, Gordon R. (Herausgeber), *Prehistoric Settlement Patterns in the New World*. In Viking Fund Publications in Anthropology«, Nr. 23, New York 1956
Arbeiten von vielen Kapazitäten, nicht zuletzt dem Herausgeber, auf einem bisher von den Anthropologen vernachlässigten Gebiet.

Williams, James M., *An American Town*. New York 1906
Bahnbrechende Arbeit. (Vgl. R. Lynd)

Williams-Ellis, Clough, *England and the Octopus*. London 1928
Scharfer Angriff auf die Zerstörer der Landschaft.

Wilson, John, A., *The Burden of Egypt. An Interpretation of Ancient Egyptian Culture*. Chicago 1951
Betonung von Beweglichkeit und Anpassung korrigiert die früher beliebte Vorstellung von einer völlig starren und stehengebliebenen Kultur.

Wirth, Louis, *Community Life and Social Policy. Selected Papers*. Chicago 1956
Darunter seine beachtliche Erörterung von Lokalismus, Regionalismus und Zentralisierung. Die großstädtische Region als Planungseinheit und Urbanismus als Lebensform. Eines der besten Zeugnisse der Chicagoer Soziologenschule, jedoch mit offenkundiger Vorliebe für die große Stadt.

Wittfogel, Karl A., *Die Orientalische Despotie. Eine vergleichende Untersuchung totaler Macht*. Köln 1963
Die Kapitel über den Zusammenhang zwischen hydraulischer Zivilisation und der Entstehung einer konzentrierten Staatsgewalt sind wichtig für das Verständnis des Aufstiegs der Stadt.

Wolf, Gustav, *Die schöne deutsche Stadt*, Bd. I, *Mitteldeutschland*, München 1911; Bd. II, *Süddeutschland*, München 1912; Bd. III, *Norddeutschland*, München 1913

Wood, Edith Elmer, *The Housing of the Unskilled Wage Earner*. New York 1919

—, *Introduction to Housing. Facts and Principles*. Washington 1940
Knappe Zusammenfassung der Verfasserin, die unermüdlich für bessere Wohnbedingungen gekämpft hat.

—, *Slums and Blighted Areas in the United States*. Washington 1936

Wood, Robert C., *Suburbia. Its People and Their Politics*. Boston 1959
Neue Studie über die Vorstadt als die moderne Erscheinung des kleinen Gemeinwesens. Schwankend in seiner Bewertung und in den Ergebnissen merkwürdig widersprüchlich.

Wolley, Sir Leonard, *Alalakh. An Account of the Excavations at Tell Atchana in the Hatay, 1937—1949*. Oxford 1955

—, *Excavations at Ur. A Record of Twelve Years' Work*. London 1954
Erweiterung und Neufassung der zuerst in »Ur of the Chaldees« veröffentlichten Ergebnisse. (Vgl. Childe und Frankfort)

Woolston, Howard, *Metropolis. A Study of Urban Communities*. New York 1938

—, *The Urban Habit of Mind*. In »American Journal of Sociology«. März 1912

Wright, Frank Lloyd, *The Disappearing City*. New York 1932
Kurze Darlegung eines möglichen Typs städtischer Ordnung, bei der die Landwirtschaft die grundlegende Beschäftigung und 4000 qm die Mindestfläche wären, die eine Familie bewohnt. Eine deutliche Vorwegnahme, romantisch verstanden, des heutigen Überfließens der Stadt.

—, *Frank Lloyd Wright on Architecture. Selected Writings 1894—1940*. Herausgegeben mit einer Einleitung von Frederick Gutheim. New York 1941

—, *The Living City*. New York 1958

Wright, Henry, *Rehousing Urban America.* New York 1934
Frühe Arbeit eines der begabtesten Planer seiner Generation. (Vgl. Stein, »New Towns for America«)
—, *Report of the Commission of Housing and Regional Planning for the State of New York.* Albany 1926
Bahnbrechende amerikanische Studie über den regionalen Hintergrund der städtischen Entwicklung. (Vgl. Abercrombies klassische Berichte über Doncaster und Deeside)
Wright, Henry Myles, *The Motor Vehicle and Civic Design.* In »JRIBA«, Januar 1957
Wright, Lawrence, *Clean and Decent. The Fascinating History of the Bathroom and the Water Closet.* London 1960
Inhalt ist wissenschaftlicher als der Titel.
Wycherley, R. E. *Hellenic Cities.* In »TPR«, Juli 1951
Zusammenfassung der Ergebnisse, die in »How the Greeks Built Cities« ausführlicher geschildert werden.
—, *Hellenic Cities. In »TPR«,* Oktober 1951
Wertvoll.
*—, *How the Greeks Built Cities.* London 1949
Bisher die beste englischsprachige Arbeit. Weil sie die Bestandteile der griechischen Stadt — Befestigung, Mauern, Gymnasien, Stoa usw. — betont, wird sie zur unentbehrlichen Ergänzung Lavedans, der diese Elemente teilweise vernachlässigt. (Vgl. R. Martin)
Wymer, Norman, *English Town Crafts. A Survey of Their Development from Early Times to the Present Day.* London 1949.
Yadin, Yigael, *The Earliest Record of Egypt's Military Penetration into Asia.* Some Aspects of the Narmer Palette. In »Israel Exploration Journal«. Jerusalem 1955
Yeomans, Alfred, *City Residential Land Development.* Chicago 1916
Ergebnisse eines wichtigen Wettbewerbs, den der Chicagoer »City Club« veranstaltete, um Pläne für die Entwicklung einer Nachbarschaft zu fördern. Der Krieg hat möglicherweise verhindert, daß dieser Wettbewerb größeren Einfluß auf spätere Nachbarschaftsentwürfe ausgeübt hat.
Ylvisaker, Paul N., *Innovation and Evolution. Bridge to the Future Metropolis.* In »Annals of the American Academy of Political and Social Science«, November 1957
Young, George Malcolm (Herausgeber), *Country and Town. A Summary of the Scott and Uthwatt Reports.* Harmondsworth 1943
—, *Early Victorian England. 1830—1865.* 2 Bde. New York und London 1934
Vorzüglich.
Zeiller, Martin, *Topographia Franconiae.* Frankfurt am Main 1648
—, *Topographia Helvetiae, Rhaetiae et Valesaiae.* Frankfurt am Main 1654
Illustrierte Reisebücher; unschätzbar wegen ihrer Holzschnitte von mittelalterlichen Städten.
Zevi, Bruno, *Architecture as Space.* New York 1957
Vortreffliche konstruktive Analyse, die gleichermaßen für Städte wie für Bauwerke gilt.
Zimmermann, Carle C., *The Changing Community.* New York 1936
Eine Arbeit über das örtliche Gemeinwesen. Wertvoll wegen kurzer Schilderungen solcher Gemeinwesen, aber erschwert durch eine Terminologie, die noch zweideutiger als diejenige von Pareto ist.
* Zimmern, Alfred E., *The Greek Commonwealth.* Oxford 1911. 5. verbesserte Aufl. Oxford 1931
Großartiger Überblick über die griechische Polis, immer noch unerreicht.

—, *Solon and Croesus and other Greek Essays.* Oxford 1928
Enthält einiges Material, das in dem früheren Werk ausgelassen wurde, darunter eine sorgfältige Untersuchung über Sklavenarbeit.

Zimmern, Helen, *The Hansa Towns.* New York 1889

Zucker, Paul, *Entwicklung des Stadtbildes. Die Stadt als Form.* Wien 1929
Gute Bibliographie der älteren Literatur und Bilddokumentation.

—, *New Architecture and City Planning.* New York 1944
Town and Square. From the Agora to the Village Green. New York 1959
Umfassendes Werk über ein wichtiges Thema, reich bebildert mit vorzüglicher Bibliographie.

Dank des Verfassers

Ich bin auf keinem Gebiet Spezialist, sondern widme mich allen Disziplinen, und daher hat das Studium der Stadt mein Denken stets nur zum Teil ausgefüllt. Das Interesse dafür hat mich jedoch während des größten Teils meines Lebens begleitet, und ich kann das, was ich andern persönlich und geistig verdanke, kaum aufzählen, ohne in homerische Weitschweifigkeit zu verfallen. Seit vor fünfundzwanzig Jahren *The Culture of Cities* erschien, hat sich diese Dankesschuld vervielfacht, weshalb ich mehr denn je zögere, eine Liste all der Gelehrten, Planer, Architekten, Kommunalbeamten und Körperschaften aufzustellen, die mir bei meiner Arbeit behilflich waren. Sie mögen nicht glauben, daß mein Schweigen ein Anzeichen für mangelnde Bescheidenheit oder Dankbarkeit sei. Ich muß mich damit begnügen, eine Kerze am »Schrein der Toten« zu entzünden: Victor Branford, Patrick Geddes, Henry Wright, Charles Harris Whitaker, Raymond Unwin, Walter Curt Behrendt, Barry Parker, Patrick Abercrombie, Matthew Nowicki und Alexander Farquharson. Leichter ist es, meine unmittelbaren Verpflichtungen festzustellen und dafür zu danken: Daß ich die Freiheit besaß, zu reisen, zu forschen und nachzudenken und dadurch die letzten vier Jahre diesem Buch zu widmen, verdanke ich einem *John-Simon-Guggenheim-Memorial*-Stipendium (1956), einer *Bemis*-Gastprofessur am *Massachusetts Institute of Technology* (1957–1960) und einer *Ford*-Forschungsprofessur am *Institute for Urban Studies* der Universität von Pennsylvanien (1959–1961). Allen denen, die für diese Bestallungen verantwortlich sind, sage ich aufrichtigen Dank.

L. M.

Register